"十二五"普通高等教育经管类规划教材

会展风险管理
第二版

杨顺勇　王　晶　主编

化学工业出版社
·北京·

全书共分 9 章，对会展风险管理的基本概念、会展风险管理计划、会展风险识别、会展风险衡量、会展风险控制、会展风险转移、会展安全管理、会展事故处理、会展风险信息管理等内容进行了系统的论述。其中既有理论的深入分析，又有较强的可操作性。

本书提供网络教学支持（hzgdid666.com），并及时更新相关教案、教学参考及阅读资料，有助于加深对书中内容的理解，指导学生在网络时代如何突破传统教材的内容限制进行自主性、研究性学习。

本书内容新颖、图文并茂、简明扼要、实用性强，附有大量实例。

本书可作为普通高等教育经管类相关专业教材，也适合从业人员参考使用。

图书在版编目（CIP）数据

会展风险管理/杨顺勇，王晶主编. —2 版. —北京：
化学工业出版社，2013.3（2024.8重印）
"十二五"普通高等教育经管类规划教材
ISBN 978-7-122-16446-9

Ⅰ.①会…　Ⅱ.①杨…②王…　Ⅲ.①展览会-管理-
高等学校-教材　Ⅳ.①G245

中国版本图书馆 CIP 数据核字（2013）第 020079 号

责任编辑：唐旭华　刘立梅　　　　　　装帧设计：尹琳琳
责任校对：宋　夏

出版发行：化学工业出版社（北京市东城区青年湖南街 13 号　邮政编码 100011）
印　　装：北京科印技术咨询服务有限公司数码印刷分部
787mm×1092mm　1/16　印张 9¾　字数 232 千字　2024 年 8 月北京第 2 版第 5 次印刷

购书咨询：010-64518888　　　　　　售后服务：010-64518899
网　　址：http://www.cip.com.cn
凡购买本书，如有缺损质量问题，本社销售中心负责调换。

定　价：29.80 元

前　言

从 20 世纪 90 年代中期开始，随着我国经济的高速发展，会展业以年均 20％～30％的速度超常增长。会展业对城市经济特别是第三产业发展的强力带动，以及对打造、经营城市品牌的巨大作用，令许多城市将会展业作为当地经济的支柱产业来发展，我国会展业进入迅速发展的阶段。

会展业是一个涉及多个关联产业的现代服务产业，一个大型的会展活动就是一个系统工程，需要具备更宽、更高和更全面的知识。本着科学性与艺术性相结合、理论性和实用性相结合、现实性和前瞻性相结合的原则，本书尽可能将国外的先进理论、方法和实践经验与我国的实际需要紧密联系起来，系统地论述了会展风险管理的基本概念、会展风险管理计划、会展风险识别、会展风险衡量、会展风险控制、会展风险转移、会展安全管理、会展事故处理、会展风险信息管理等内容。为了使本书更符合会展风险管理相关课程的要求，侧重于运用理论解决实际问题的能力，我们这次修订的主要内容是：全面按新的教学要求进行编排更新，对所有章节的标题和阐述内容作了修改，对文字也进行了重新梳理。修订后，本书既有理论的深入分析，又有较强的可操作性。可作为普通高等教育经管类相关专业教材，也适合会展从业人员参考使用。

本书是上海市"会展策划与设计"教育高地项目（沪教委高［2005］39 号）的建设成果，并获得中国石油和化学工业优秀教材奖二等奖，还被评为中国会展经济研究会优秀成果二等奖、上海市精品课程。

本书建立了全面的教学支持体系，收录了大量网络资源，并配备了专门的教学课件、参考资料和辅导材料，可以开阔视野，有助于加深对书中内容的理解，指导学生在网络时代如何突破传统教材的内容限制进行自主性、研究性学习。相关教学支持网站：www. hzgd. id666. com；E-mail：ysy@sit. edu. cn.

全书共分 9 章，其中第一版的编写分工如下：第 1、4 章杨顺勇编写，第 2 章于洁编写，第 3、6 章施谊编写，第 5、7、8 章牛淑珍、谢文璐、吴佩合编，第 9 章王学敏编写，全书由杨顺勇统稿，曾亚强教授审定。第二版在第一版的基础上进行了修改，由杨顺勇、王晶负责完成。

在编写过程中，我们参考了大量的相关教材、著作及论文，引用了许多资料和观点，参考文献中均有列示，但更多的则因为教材编写的特殊性而无法详细注明，在此向这些作者表示衷心感谢。

由于学识所限，书中难免会有疏漏之处，恳请不吝赐教和批评指正，我们将在修订中认真吸取，使本书不断完善。

编者
2013 年 2 月

目　录

1 导　论

【学习目标】

　　学完本章，你应该能够：

　　1. 了解风险管理的基本概念；

　　2. 掌握会展风险管理的分类及其步骤；

　　3. 熟悉我国风险管理的现状及其对策。

【基本概念】

　　风险　风险管理　会展风险　会展风险管理

1.1　风险管理基础

1.1.1　概述

　　人类认识风险的历史几乎与人类的文明一样久远。虽然人类真正提出"风险"并对之进行研究不过始于 18 世纪，但是当人类思考明天的生存问题的时候，人类对风险的认识就已经开始了。而人类对风险的认识同时也成就了人类文明的进步，诚如当代史学家伯恩斯坦在论述人类文明史时所断言"确定现代与过去之分野的革命性理念是对风险的掌握……"（伯恩斯坦《与天为敌》）。

　　然而，对风险的掌握是一个极其漫长的过程。人类活动的扩展引起风险日趋复杂，其种类不断增加，同时，风险的发展刺激了风险管理的发展，而风险管理的发展又推动了人们向更高的目标登攀。

　　自 20 世纪 90 年代末起，伴随着信息技术的发展和全球经济一体化，世界市场变化风起云涌，风险数量及其复杂性也与日俱增。据美国一家公司 2001 年的统计，一个典型的大型跨国公司可以有多达 11000 种的风险，其中能够用现有的手段管理控制的只有 2600 种左右。也就是说，所有其他 75% 的风险都由公司或者说主要由股东承担。旧的风险管理范例不足以参考以化解当今有代表性的企业所面临的风险，企业迫切需要新的风险管理方法和技术。

　　风险数量及其复杂性的增加促进了金融衍生品市场的增长，期货、期权、远期互换、资产证券化等金融衍生产品层出不穷。这些金融衍生品为企业提供了转移风险的工具，使得企业应对风险的策略和手段日益丰富。同时，信息技术的发展虽然提高了企业风险的发生水平，但也使得对许多风险的有效监控成为可能。一些更精确、更直观、更容易操作的风险度量方法和风险管理工具不断涌现，如 VAR、EVA 等。与 20 年前相比，风险管理的手段更趋多样化、系统化，风险应对策略更趋复杂化、专业化。

　　自 20 世纪 80 年代以来，美国、英国、法国、日本等国家先后建立起全国性和地区性的风险管理协会。这些组织积极推动各国的风险管理理论研究和实践，先后出台了各国的风险管理标准，在 1995 年由澳大利亚和新西兰联合制定了世界上第一个风险管理标准（AS/NZS 4360）后，2003 年英国制定了 AIRMIC/ALARM/IRM 标准，2004 年美国 COSO 制定了 COSO ERM 标准等。与此同时，西方十国集团在 2001 年又签署了《巴塞尔协议 II》，对银行的风险管理提出了更加明确的要求。国际标准化组织（ISO）于 2009 年 11 月 13 日正式发布了用于风险管理的国际标准 ISO 31000。

同时各国也加快了对公司治理结构和内控系统的立法，如英国 1998 年制定了公司治理委员会综合准则（Combined Code of the committee on Corporate Governance），该准则被伦敦证券交易所认可，成为交易所上市规则的补充，强制所有英国上市公司遵守。2002 年 7 月，美国国会通过萨班斯法案（Sarbanes-Oxley 法案），要求所有美国上市公司必须建立和完善内控体系。萨班斯法案被称为是美国自 1934 年以来最重要的公司法案，在其影响下，世界各国纷纷出台类似的方案，加强公司治理和内部控制规范，加大信息披露的要求，加强企业全面风险管理。到目前为止，世界上已有 30 几个国家和地区，包括所有资本发达国家和地区和一些发展中国家如马来西亚，都发表了对企业的监管条例和公司治理准则。在各国的法律框架下，企业有效的风险管理不再是企业的自发行为，而成为企业经营的合规要求。

未来，全面风险管理将保持蓬勃发展的势头。除企业以外，将有越来越多的非营利机构，包括政府、学校等开始实施全面风险管理。将有越来越多的大学开始设置企业全面风险管理的课程。虽然全面风险管理作为一种管理理论还有待进一步成熟和完善，但其理念和方法已经开始深刻地影响组织的首脑、企业的 CEO。全面风险管理将不仅是引发风险管理理论和方法的一场革命，而且将是引发企业管理理论的一场革命。

1.1.2 风险

风险是指未来的不确定性对企业实现其经营目标的影响。过去和现在属于已发生和正在发生的领域，没有风险，但所有的人都不确定将来的事情，因此，将来存在风险。为了准确度量和管理风险，风险总是定义在未来的某一个时间段内的。比如，企业的财务报表反映的都是已发生的经济行为，而现金流预测作为投资决策的基础评估方法之一，是对未来的一定期间内的净现金流入预测用贴现系数来计算的现值，这里表现的风险包括时间价值的概念，还包括风险的贴现。

风险与企业经营目标紧密相关。一般来说，企业目标定得越高风险越大，目标定得越低风险越小。例如，企业的目标是跻身于世界五百强还是维持盈亏平衡，其所须承担风险的大小是不一样的。

风险对企业经营目标的影响表现在实际的行为可能与我们的目标有差距。这种差距可能不仅表现在最后结果的差距（如盈利额的差距、损益值），还可能表现在路径的差距，即如何实现最后的结果，同样是不确定性的影响，人们对稳定的、可预期的表现更看重一些，因为不确定性越大，风险成本就越高。

需要注意的是，风险对实现企业的经营目标有好处，也可能有坏处。所谓好坏或正面负面都是指对结果的判断而言的，风险本身无所谓好坏。把风险看做是纯粹的负面的东西，有利于专注防范风险带来的负面效应，但同时有可能忽略风险中蕴藏的机会。因此，企业对风险正负面影响的考虑应该结合在一起，这和"没有风险就没有回报，高回报蕴含着高风险"的观点是一致的，收益是对承担风险的补偿。事实上，在没有交易成本等的无摩擦、无套利机会的理想市场，在负面风险和正面风险之间存在确定的平价关系（Call-Put Parity）。如果只考虑风险的负面影响，势必会影响人们的决策而忽视正面风险的存在，向风险规避倾斜。

风险分为战略风险、财务风险、市场风险、运营风险和法律风险。

① 战略风险是指不确定因素对企业实现战略发展目标和实施发展规划的影响。为减少这些影响，企业要结合市场情况保持企业的核心竞争优势，选择合适的产品组合，抓住发展机会，规避市场损失等方面的风险因素。

② 财务风险包括利率和汇率的变动、原材料或产品价格波动、信用政策等不确定因素对企业现金流的影响，以及公司在理财方面的行为对企业财务目标的影响。

③ 市场风险是指未来市场价格（利率、汇率、股票价格和商品价格）的不确定性对企业实现其既定目标的影响。市场风险可以分为利率风险、汇率风险、股票价格风险和商品价格风险，这些市场因素可能直接对企业产生影响，也可能通过对其竞争者、供应商或者消费者间接对企业产生影响。

④ 运营风险是指包括供应链的管理、运营资源的合理调配、关键人员的流动、法律合法规、监督检查等涉及公司运营方面的不确定性因素对公司运营目标方面的影响。

⑤ 法律风险是指不同国家或地区法律法规环境的差异性、具体法律法规的新制定和变更给企业带来的影响。

以风险能否为企业带来盈利等机会为标志，又分为纯粹风险和机会风险。纯粹风险指不含盈利可能性的风险，如灾害性风险，大多数运营风险；机会风险是盈利与损失的可能性并存的风险，如战略风险、市场风险等。

此外，风险按其来源分为外部风险和内部风险。企业的外部风险来自企业经营的外部环境，包括外部环境本身和外部环境的变化对企业目标的影响，如社会政治风险、供应链风险、市场风险、竞争对手风险、技术革新风险、法律法规风险、自然地理环境风险、灾害风险等。企业的内部风险则表现在企业的决策和经营活动中。

1.1.3 风险管理

风险管理又名危机管理，是指如何在一个肯定有风险的环境里把风险减至最低的管理过程，其中包括对风险的量度、评估和应变策略。理想的风险管理，是一连串排好优先次序的过程，使当中的可以引致最大损失及最可能发生的事情优先处理，而相对风险较低的事情则押后处理。

但现实情况中，这优化的过程往往很难决定，因为风险和发生的可能性通常并不一致，所以要权衡两者的比重，以便作出最合适的决定。

风险管理还要面对有效资源运用的难题。这牵涉到机会成本（Opportunity Cost）的因素。把资源用于风险管理，可使运用于回报活动的资源减低；而理想的风险管理，正希望能够花最少的资源尽可能去化解最大的危机。

① 通过风险分析，可加深对项目和风险的认识与理解，澄清各方案的利弊，了解风险对项目的影响，以便减少或分散风险。

② 通过检查和考虑所有到手的信息、数据和资料，可明确项目的各有关前提和假设。

③ 通过风险分析，不但可提高项目各种计划的可信度，还有利于改善项目执行组织内部和外部之间的沟通。

④ 编制应急计划时更有针对性。

⑤ 能够将处理风险后果的各种方式更灵活地组合起来，在项目管理中减少被动，增加

主动。

⑥ 有利于抓住机会并利用机会。

⑦ 为以后的规划和设计工作提供反馈，以便在规划和设计阶段就采取措施防止和避免风险损失。

⑧ 风险即使无法避免，也能够明确项目到底应该承受多大损失或损害。

⑨ 为项目施工、运营选择合同形式和制订应急计划提供依据。

⑩ 通过深入的研究和情况了解，可以使决策更有把握，更符合项目的方针和目标，从总体上使项目减少风险，保证项目目标的实现。

⑪ 可推动项目执行组织和管理班子积累有关风险的资料和数据，以便改进将来的项目管理。

风险管理过程就是风险管理所采用的程序，一般由若干主要阶段组成，这些阶段不仅相互作用，而且与项目管理其他管理区域也互相影响，每个风险管理阶段的完成都需要项目风险管理人员的努力。

对于风险管理主要阶段的划分，不同的组织或个人的划分方法是不一样的，SEI（美国系统工程研究所）把风险管理的过程主要分成若干个环节：风险识别（Identify）、风险分析（Analyze）、风险计划（Plan）、风险跟踪（Track）、风险控制（Control）和风险管理沟通（Communicate），见图1-1。

图 1-1 SEI 的风险管理过程框架

而在 PMI（美国项目管理协会）制定的 PMBOK（2000 版）中的风险管理过程为风险管理规划、风险识别、风险定性分析、风险量化分析、风险应对设计、风险监视和控制六个部分。

我国的毕星、翟丽主编的《项目管理》一书中把风险管理的阶段划分为风险识别、风险分析与评估、风险处理、风险监视四个阶段，并将风险管理的方法总结如表1-1所示。

根据我国项目管理的情况，特别是结合大型高风险项目的实践，项目风险管理过程可分为风险规划、风险识别、风险估计、风险评价、风险应对、风险监控六个阶段和环节，如图1-2所示。

表 1-1 四个阶段的风险管理过程

风险识别→	风险分析与评估→	风险处理→	风险监视→
√风险识别询问法	√风险的概率分布	√风险控制与对策	√保险经纪人
√财务报表法	√历史资料统计	√回避	√项目风险经理
√流程分析法	√理论分布分析	√损失控制	√项目风险机构
√现场勘察法	√外推方法	√分离	√项目风险管理制度
√相关部门配合法	√项目风险费用分析	√分散	
√索赔统计记录法	√项目风险评价准则	√转移	
√环境分析法	√SAVE 方法	√风险财务对策	
	√AHP 方法	√自留	
		√转移(有偿)	
		√保险	

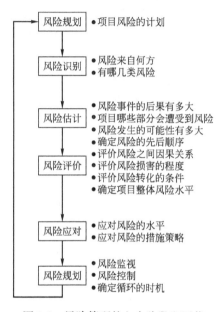

图 1-2 风险管理的六个阶段和环节

1.1.4 全面风险管理

全面风险管理是指企业围绕总体经营目标,通过在企业管理的各个环节和经营过程中执行风险管理的基本流程,培育良好的风险管理文化,建立健全全面风险管理体系,包括风险管理策略、风险理财措施、风险管理的组织职能体系、风险管理信息系统和内部控制系统,从而为实现风险管理的总体目标提供合理保证的过程和方法。全面风险管理并不能给企业提供绝对的保证,而只能为企业实现其经营目标提供一个合理的保证。所谓合理的保证,打一个比方来讲,就是企业的领导、股东或者董事会有信心,如果不发生百年不遇的情况,企业的战略目标就能实现,所以全面风险管理是一个一般性的过程和方法,只能为企业实现风险管理总体目标提供一个合理的保证。

全面风险管理体系包括风险管理策略、风险理财措施、风险管理的组织职能体系、风险管理信息系统和内部控制系统五个模块。

① 风险管理策略是指导企业风险管理活动的指导方针和行动纲领,是针对企业面临的主要风险设计的一整套风险处理方案。

② 风险管理组织职能体系是风险管理的具体实施者,通过合理的组织结构设计和职能

安排，可以有效管理和控制企业风险。

③ 内部控制作为全面管理体系的一部分，是通过针对企业的各个主要业务流程设计和实施一系列政策、制度、规章和措施，对影响业务流程目标实现的各种风险进行管理和控制。

④ 风险理财措施是指企业运用金融手段来管理、转移风险的一整套措施、政策和方法。

⑤ 风险管理信息系统是传输企业风险和风险管理状况的信息系统，其包括企业信息和运营数据的存储、分析、模型、传送及内部报告和外部的披露系统。

目前世界上最先进的体系化风险防范机制是在企业建立全面风险管理体系，全面风险管理代表着风险管理的最前沿的理论和最佳实务。企业切实实行全面风险管理、运行风险管理基本流程可以获得很多好处，最主要有如下几个方面。

① 标本兼治，从根本上提高企业风险管理水平。全面风险管理体系帮助企业建立动态的自我运行、自我完善、自我提升的风险管理平台，形成风险管理长效机制，从根本上提升企业风险管理水平。

② 达到与企业整体经营战略相结合的风险最优化。全面风险管理把风险管理纳入企业战略执行的层面之上，将企业成长与风险相连，设置与企业成长及回报目标相一致的风险承受度，从而使企业将战略目标的波动控制在一定的范围内，支持企业战略目标实现并随时调整战略目标，保障企业稳健经营。

③ 使所有利益相关人了解企业风险现状，保障各利益相关人共同利益最大化。全面风险管理体系对董事会、风险管理委员会、审计委员会、经理层、风险管理职能部门、内部审计部门等机构在全面风险管理中的职责作了详细的说明，将风险责任落实在公司各个层面，保证了风险管理的公允性和有效性，促使企业各利益相关人利益最大化。

④ 避免企业重大损失。通过对企业重大风险的量化评估和实时监控，全面风险管理体系帮助企业建立重大风险评估，重大事件应对，重大决策制定，重大信息报告和披露以及重大流程内部控制的机制，从根本上避免企业遭受重大损失。

⑤ 提升企业具体风险管理解决方案的效果。全面风险管理体系提出了企业建立风险管理的整体框架，在此框架下，企业可以根据自身管理的水平和阶段，针对具体风险，灵活地制定风险解决方案。通过体系框架下的风险策略、风险组织职能、风险信息系统、金融工具以及内控等多种管理手段，提高具体风险的管理效率和效果。

具体来讲，企业在运行全面风险管理系统的时候，应该注意以下几个方面的问题。

第一，开展全面风险管理工作应当以对重大风险、重大事件（指重大风险事件物化后的事实）的管理和重要流程的内部控制为重点。

第二，企业开展全面风险管理工作应与企业其他管理工作紧密结合，把风险管理的各项要求融入企业管理和业务流程中。风险管理体系不是凌驾于现有管理体系之上的，而是对现有管理体系的提炼总结和提高。企业要根据自身的发展历史，来确定风险管理的建设内容。

第三，企业应注重建立具有风险意识的企业文化，促进企业风险管理水平的提高，员工风险管理素质的提升，以及保障企业风险管理目标的实现。

第四，全面风险管理体系建设的成败很大程度上取决于企业员工参与的程度。因为全面风险管理体系涉及日常管理的细节，乃至每个员工的工作职责，是对管理运营中沟通交流线路、工作方式方法等的提升和整理。同时，全面风险管理体系建设过程中，领导层要作出表率，这样可以推动员工参与风险建设的积极性，也可以为企业实行全面风险管理给予充分的指导和支持。

第五，在企业全面风险管理体系建设的过程中，必须积极开展风险管理培训工作，力争在员工层面普及风险管理基础知识和基本框架，并为管理层开展具体风险管理工作提供足够的专业知识和技能；同时应注重培养风险管理的专业化人才，为企业未来风险管理建设作好人才储备工作。

第六，邀请风险管理专家参与项目实施，专家队伍主要由两类人员组成：一类可从企业内部选拔相关风险管理领域的人才，作为风险管理体系建设的主体力量并负责项目的实施；另一类集团可以聘请资质高、信誉好、风险管理专业能力强的外部咨询公司协同进行企业的全面风险管理建设工作，对项目的进行提出专家实施意见和改进建议。

总之，企业建立风险管理体系，运行风险管理流程，必须根据自己的管理实践，综合运用项目管理、变革管理等方法工具，为整体管理水平的提高而完成全面风险管理体系的建设。

【案例 1-1】 风险管理师成新热门职业

经劳动和社会保障部批准，《企业风险管理师》职业资格证书近日正式纳入国家职业资格证书制度统一管理体系。这预示着"企业风险管理师"将成为我国人才市场中一个高含金量的新兴热门职业。

《企业风险管理师》职业资格证书体系主要用于考评企业风险管理专业人员的知识与技能水平，同时从支持企业可持续性发展的角度来培训专业人才。这一资格证书培训体系是亚洲风险与危机管理协会（AARCM）根据当代企业整体化风险管理理论和该协会推出的《企业风险管理人员职业标准》设计的。安泰环球风险管理技术（北京）有限公司是中国大陆地区《企业风险管理师》项目的总执行机构。

CERM 证书共分为助理企业风险管理师、企业风险管理师和高级企业风险管理师三个等级。取得 CERM 系列职业资格证书的人员有能力帮助企业在战略、操作、财务、危害性等层面进行风险管理。企业风险管理师可以担任企业的副总裁、风险管理首席执行官、风险总监（或风险经理）、风险审计负责人、风险责任人、危机管理负责人等职位。企业风险管理师也可以在企业风险管理相关岗位担任职位，如企业纪检负责人，企业内控负责人，运营总监，信息系统负责人，质量、安全、环境负责人等。

我国加入世界贸易组织后，企业面对更为激烈的竞争环境和更为复杂的风险因素，而目前我国企业风险管理人才匮乏。引进《企业风险管理师》职业资格证书体系，对推动中国企业建立全面策略性风险管理理念，加速国际接轨步伐，提高企业整体抗风险能力与核心竞争力，具有重要的现实意义。企业风险管理师项目在中国的注册落地，标志着中国企业开始迈向全面风险管理划时代。

资料来源：新华社北京：2006.4.

1.2 会展风险管理

1.2.1 会展风险

① 物质损失风险：包括各种财产和物资从运输、安装、参展、拆除、再运输的整个过

程中，由于自然灾害或意外事故引起的直接经济损失。

② 财务损失风险：包括财产和物资在上述过程中遭受物质损失，或会展所在地发生诸如战争、恐怖袭击、环境污染、疾病爆发等灾难性事件，导致会展推迟或取消，给组织者或参展者造成的损失。

③ 法律责任风险：包括会展组织者或参展方在展览过程中由于疏忽或过失，造成其他方的财产损失或人身伤亡，根据法律规定需要承担的赔偿责任。

④ 人员损失风险：包括组织者、参展方的员工或临时雇佣人员，在展览过程中由于自然灾害或意外事故受到的人身伤害（非展览期间的风险不在此列）。

【案例1-2】 展览，你保险了吗？

"9·11"、"非典"等一系列事件的发生，揭示了系统性危机不再只是一次性"突发事件"，而是系统复杂化的必然结果，提出了复杂管理系统必须具备危机防范意识和能力的新课题。

全国范围的展会因"非典"叫停，无不令会展业人士扼腕叹息。当人们从最初的恐慌走出来，开始检视运作机制时，"规避风险"、"危机管理"等问题已成了我们必须面对的现实。《中国会展》记者从采访中了解到，中国会展业规避风险的能力和意识，已经令人深深忧虑。保险是规避风险的一种有效手段，但还没有得到业内的重视。法兰克福展览咨询（上海）有限公司总经理赵慰平先生认为，在"非典"面前，暴露出中国会展业保险意识的淡薄，几乎没有听说谁为展览会经营风险投保。当然，这可能与会展业还没有形成一个完整的产业，还没有统一的、专门的会展行政机构负责管理、协调有关。

中国贸促会纺织行业分会秘书长杨兆华对记者表示，纺织行业分会主办的部分展会，也曾向保险公司投保。比如针对展馆损害的设施损失险、为参展人员和观众购买的人身意外伤害险等。参展商则针对展品运输、展台装修各自购买保险。但是，由于展览会的环节很多，存在很多不确定性，而且没有一个统一的计算标准，所以，即使展览会各方有购买保险的需求，保险公司目前也没有专门针对展会的险种。

1.2.2 会展风险管理

会展风险管理在会展管理中有非常重要的地位。首先，有效的风险管理可以提高会展的成功率。在会展早期就应该进行必要的风险分析，并通过规避风险降低失败概率，避免返工造成成本上升。另外，提前对风险制定对策，就可以在风险发生时迅速作出反应，避免忙中出错造成更大损失。其次，风险管理可以增加团队的健壮性。与团队成员一起作风险分析可以让大家对困难有充分估计，对各种意外有心理准备，不至于受挫后士气低落；而项目经理如果心中有数可以在发生意外时从容应对，大大提高组员的信心从而稳定队伍。最后，有效的风险管理可以帮助项目经理抓住工作重点，将主要精力集中于重大风险，将工作方式从被动救火转变为主动防范。

实施会展风险管理，首先需要对会展项目本身有着深刻的认识和理解，通过理解会展项目去识别会展潜在的各种风险。在对会展项目风险识别的基础上，评估进行会展风险管理的控制点。经过识别会展项目风险和测试风险管理的控制点，筛选确定剩余的、需要着重注意的会展项目风险，并对这部分的剩余风险作出进一步的说明。在会展项目实施的过程中，针对这部分风险采取专门措施进行风险管理和控制，从而最大限度地降低风险、控制风险。

在最初的理解会展项目阶段，识别的潜在风险可能数量很多；经过评估会展项目风险管理的控制点，对潜在风险进行筛选，去除那些可以运用通常的项目会展管理措施加以避免和克服的潜在风险，从而使实施人员将精力集中于那些为数不多的剩余风险上；在确定了剩余风险后，有的放矢地进行相应的管理和控制，最终使实施的整体风险得到有效的控制。

可以看出，会展风险管理的实质就是：识别风险、筛选风险、控制重点风险、最终降低风险。

【案例1-3】 会展风险控制的个人体验

第一，要正视恐惧。恐惧是对风险的直觉，如果积极采取行动和做好准备就可能在一定程度上减弱恐惧感；如果不敢正视或存在侥幸心理，则可能会在发生时惊慌失措。第二，始终保持镇静。会展风险分析虽然可以使你有心理准备，但真的出现意外时还会慌张，这时要想到别人正看着你，不能自乱分寸，当然这也需要锻炼心理承受能力。第三，要强化"风险意识"，会展项目的变数太多，会展风险管理要贯穿于会展的全过程，并不断积累经验和知识。

管理风险是会展风险控制中最为直接、也是最为关键的一个步骤。在会展管理风险过程中，需要对会展风险的正面效应（即潜在的机会）制定增强措施，对会展风险的负面效应（即可能的威胁）制定应付方法。对于不同的风险，需要根据其重要性、影响大小以及已经确定的处理优先次序，采取相应的措施加以控制，对负面风险的反应可以尽量避免、努力减小或设法接收。另外，在处理会展风险时需要注意"及时性"——即在第一时间对各种突发的风险作出判断并采取措施；以及"反复性"——即对已经发生或已经得到控制的风险进行回顾，确保会展风险能够得到稳定长期的控制。

会展风险管理可以简单分成四个步骤：会展风险识别、会展风险分析、制定对策和会展风险监控。

（1）会展风险识别

其目的是确定对会展有影响的风险。识别风险主要的工作是确定可能影响项目实施的风险并记录风险的特征。需要注意的是：会展风险识别是贯穿整个会展实施的全过程的，而不仅仅是会展的开始阶段；可能的会展风险包括各种内部因素和外部因素；在识别会展风险的同时，需要辩证地分析其负面效应（即风险带来的威胁）和正面效应（即潜在的机会）。

① 技术风险 如果会展采用了复杂或高新技术，或采取了非常规方法，就有潜在问题。另外，如技术目标过高、技术标准发生变化等也可造成技术风险。

② 管理风险 比如会展进度和资源配置不合理、计划草率且质量差、会展管理的基本原则使用不当等就可能造成管理风险。

③ 组织风险 常见的是组织内部对目标未达成一致、高层对项目不重视、资金不足或与其他项目有资源冲突等都是潜在的组织风险。

④ 外部风险 比如法律法规变化、项目相关接口方的情况发生变化，这些事件往往是不可控制的。但注意，一般将不可控制的"不可抗力"不作为风险，这些事件往往做灾难防御。

会展风险识别可以采用以下方法。

① 头脑风暴 项目成员、外聘专家、客户等各方人员组成小组，根据经验列出所有可能的风险。

② 专家访谈 向该领域专家或有经验人员了解会展中会遇到哪些困难。

③ 历史资料 通过查阅类似项目的历史资料了解可能出现的问题。

④ 检查表 将可能出现的问题列出清单，可以对照检查潜在的风险。

⑤ 评估表 根据历史经验进行总结，通过调查问卷方式判别会展的整体风险和风险的类型。

上面几点都涉及了公司或组织内的资料收集和积累，这其实就是知识管理的部分工作内容。

（2）会展风险分析

会展风险分析的目的是估计风险发生的发生概率和对会展的影响力，识别会展的重大风险并进行重点管理。会展风险发生概率可以用数学模型、统计方法和人工估计进行分析，从实际工作看人工估计是比较实际的方法。会展风险的影响力是指风险发生后对会展的工作范围、时间、成本、质量的影响。会展风险管理的重点目标就是那些发生概率大并且影响力大的事件。

① 定性评估 将发生概率和影响力分成 3～5 级，如 VL、L、M、H、VH，通过相互比较确定每个事件的等级，然后通过分布图识别风险。

② 评分矩阵 将发生概率和影响力用 0～1 之间的一个数字描述，然后找出那些"概率×影响力"乘积大的事件。

（3）制定对策

主要对识别的风险进行评估，确定风险与风险之间的相互作用以及潜在的一系列后果，同时还需要确定风险的重要性和处理风险的优先次序。在这一阶段可以采用的分析工具，包括"风险评估矩阵"、"预期投资回报率"、"模拟"和"决策树"等工具，制订应对会展风险的程序和方法。

① 规避 通过变更会展计划消除风险或风险的触发条件，使目标免受影响。这是一种事前的风险应对策略。例如，采用更熟悉的工作方法、澄清不明确的需求、增加资源和时间、减少项目工作范围、避免不熟悉的分包商等。

② 转移 不消除风险，而是将会展风险的结果连同应对的权力转移给第三方（第三方应该知道这是风险并有承受能力）。这也是一种事前的应对策略。例如，签订不同种类的合同，或签订补偿性合同。

③ 弱化 将会展风险事件的概率或结果降低到一个可以接受的程度，当然降低概率更为有效。例如，选择更简单的流程、进行更多的实验、建造原型系统、增加备份设计等。

④ 接受 不改变会展计划（或没有合适的策略应付风险），而考虑发生后如何应对。例如，制订应急计划或退却计划，甚至仅仅进行应急储备和监控，待发生时随机应变。

（4）会展风险监控

会展风险监控的目的有三个：一是监视会展风险的状况，例如会展风险是已经发生、仍然存在还是已经消失；二是检查会展风险的对策是否有效，监控机制是否在运行；三是不断识别新的会展风险并制定对策，检查风险控制的实际效果，评价会展的整体表现。会展风险监控常用的方法有如下几个。

① 会展风险审计 专人检查监控机制是否得到执行，并定期作会展风险审核，例如在大的阶段点重新识别会展风险并进行分析，对没有预计到的会展风险制订新的应对计划。

② 偏差分析 与基准计划比较，分析成本和时间上的偏差。例如，未能按期完工、超

出预算等都是潜在的问题。

③ 技术指标　比较原定技术指标和实际技术指标差异。例如，测试未能达到性能要求，缺陷数大大超过预期等。

【案例 1-4】　会展业的多事之秋

各行业、各企业的经营不可避免地伴随着风险，只有对各种风险加以良好的管理和控制，才能确保稳健地经营和发展，会展业也不例外。

任何事物都要一分为二，辩证地对待。美伊战争、非典型肺炎，一方面对会展业造成了极大的挫伤，但另一方面，也使我们及时认识到了在会展业中实施风险管理的必要性。会展行业、会展主办者在今后的工作中，应以此为鉴，遵循风险管理的方法与程序，通过积累各类历史统计数据，首先对举办会展潜在的风险进行识别、确认、衡量，进而在此基础上，制订防范风险、应对风险的措施，做到防患于未然，或即使风险事件变成现实，也能够兵来将挡，水来土掩，将损失降至最低，而不至于由于事先没有制订相关计划而措手不及。

所谓吃一堑、长一智，既然会展业的这一不足已经暴露出来，那么，广大相关的会展从业人员，都应该认真考虑会展的风险管理如何执行的问题。只有科学、有效地将风险管理体系纳入会展业，会展的举办者、参与者才能够成竹在胸，会展业也才能在变幻莫测的国际、国内，自然、社会环境中披荆斩棘、健康发展、稳步前进。

1.3　我国会展风险管理的现状与对策

1.3.1　我国会展风险管理的现状

（1）从总体上看，会展业风险管理水平较低，风险管理理念不强

第一，风险管理作为一种管理职能基本上还没有融于会展企业管理中，会展经营基本上还是财务型控制被动经营。第二，会展业发展总体决策和会展公司决策在相当程度上缺乏风险管理理念，会展的粗放型经营对目前的会展发展仍起着决定性作用。第三，会展风险管理技术水平低，风险评估、信用等级评定缺乏有效的评定标准，风险控制和风险融资的方式相当有限。许多会展公司根本就没有防灾防损部门，在有防灾防损部门的企业中，其人力与财力的配备不足。第四，在会展风险控制过程中，事后控制为主要控制方法，对风险的事前控制重视不够。第五，在会展监管方面，主要还处于事后监管阶段，监管工作缺乏主动性和前瞻性。

（2）较为注重显性风险管理，对隐性风险管理重视不够

第一，在业务发展导向上，注重规模和速度，强调业务增长量，忽视发展的质。在市场竞争中，以价格进行恶性竞争，以占取市场份额作为主要手段，对会展风险的管理控制重视不足。

第二，在会展发展导向上，某些方面还存在着会展决策和经营中的短期行为，对会展业发展及会展公司发展战略长远性研究不够；在公众对会展的信任度方面，会展业未能充分重视恶性竞争、中介制度混乱、会展欺骗对社会公众产生不良影响；在制度法律建设方面，对会展发展的制度环境和法律基础建设重视不够；在文化建设方面，会展公司文化建设滞后，会展文化传播缺乏创新，会展公司的形象度和美誉度构建急需加强。

（3）较为注重内生风险管理，忽视外生风险管理

第一，部分会展公司不重视对公众信任风险的管理。第二，对会展安全的风险重视不够。在加入WTO的背景下，如何有效地对中国会展市场进一步开放中的各种风险进行管理研究不足，忽视中国会展业发展过程中的内在的根本制约。第三，部分会展公司较为重视公司内部风险管理，而对会展同业的规范竞争、有序竞业的风险管理重视不够，会展行业组织的作用还相当有限。第四，对会展中介组织的风险管理力度不够。表明会展公司对中介组织风险管理与会展公司自身的规范经营都应加强。第五，缺乏对会展风险管理的有效手段，会展欺骗给会展公司造成的损失日趋增大，在对会展欺骗的风险管理须在制度完善和技术创新上加大力度。

（4）未能建立起有效的风险管理信息系统，风险管理决策缺乏依据

各类风险数据、损失数据是会展经营的数理基础，在相当程度上也可以说，风险数据、损失数据是会展经营的资源。会展经营依据这些资源从事会展业，通过扩充丰富这类资源提高会展经营水平和展业范围。因此，在理论和实践中都要求会展公司（包括社会）建立一个完整的信息系统对这类会展资源进行保护、开发和利用。我国相当部分会展公司有效的风险信息系统都未能建立，这将导致会展经营决策缺乏合理依据，使会展经营缺乏合理的数理基础。

（5）风险管理理论滞后，风险管理人才不足

在我国，风险管理理论发展滞后，风险管理人才不足已是一个不争的事实。会展风险管理既包括对会展公司的硬件失误风险和软件失误风险的管理，又包括组织性失误风险和人的失误风险的管理；既包括会展公司内部风险管理，又包括会展业风险管理；既包括会展经营显性风险的管理，又包括会展经营隐性风险的管理。只有建立起全面的风险管理观，才能推动和实现会展业有效的风险管理。

1.3.2 我国会展风险管理的对策

任何一次规模较大的会展活动，其中直接与间接涉及的行业活动（比如广告、工程、运输、餐饮等）可能不止几个、几十个，而任何一个环节的行业运作职能出现意外风险都会导致整体活动受阻，在这一意义上，一次会展活动就必须考虑多种截然不同性质行业的风险防范与规避问题，会展风险管理具有"牵一发而动全身"的特征。但比起国外在会展风险管理上的成熟，我国的会展风险管理相当落后。目前我国会展业风险管理落后主要有宏观和微观两方面原因。就政府来说，我国现在还没有统一的、专门的会展行政组织机构管理、协调、监督会展市场，对该市场的风险管理而言就更无从谈起；就保险公司来说，由于保险公司缺乏相关的历史经验数据与统计资料进行产品开发设计，保险公司所推出的针对会展市场的专业险种比较缺乏。如何进行风险管理、建立一套有效的符合行业特色的保险保障机制，对我国的风险管理部门（政府）及风险经营部门（保险公司）来说，均是个全新的课题。

【案例1-5】 展会繁荣背后的风险

在第四届上海国际珠宝展览会上，总重量约为2000克，总价值约为69万美元小颗粒成品钻石被一个国际盗窃团伙盗走。被盗展品数量之多、价值之高、影响之大，为上海举办的国际会展中之少见。

事隔不久，在中国国际贸易中心举行的第五届全国玩具及儿童用品博览会开展的第二天，就发生了十几家参展商被盗事件。其他的参展商顾虑到安全问题，不愿继续展示产品，导致了提前撤展的局面。

展会是一个汇集人流的公共平台，目前，很多展会不仅向专业人士开放，而且向非专业人士开放，入场观众只要填表格就可以进入。在这种情况下，对入场人员的控制上存在着难度，这就给一些不法之徒以可乘之机。

据记者了解，目前针对展览会的偷盗活动呈现出集团化、专业化趋势，手段之高往往令常人难以识破。一些盗窃团伙往往在得手后就将偷来的物品迅速转移，奢侈品的展览更会吸引一些国际盗窃团伙，一些普通展会的展品被盗也非常普遍。还有一些不法分子专门趁着人多偷取展厅内人员的钱物。展览会上人流量大，一旦被盗很难查找。

专家指出，展览会的安全问题是个不容忽视的问题。展品和财物被盗虽然非常普遍，但只是安全问题的一个方面。一些参展商从成本角度出发，找一些非专业的设计公司现场施工，所使用的材料其防火性令人担忧，存在火灾隐患。由于施工质量存在问题，展位上架子倒塌砸伤人的事件也时有发生。事实上，展览安全问题已成为组展商、参展商不可回避的问题。

目前在会展经济较成熟的欧美国家，政府管理行业的职能已经和行业协会紧密地结合在一起。这些国家的管理机构的职责都有一个共同的特点，即唯一性、全国性和权威性。他们在实际运营当中通过设立政策保障基金，运用国家出口信用保证保险等举措有力地促进了会展风险管理工作。而协会作为企业的代言人，往往通过鼓励行业内上、中、下游企业共同聚资形成行业自保基金或是参股组建相互保险机构等相关举措，达到在一定范围内将风险较少的收益业务进行自保，获取比较丰厚的利润。在微观运营方面，保险公司针对会展业经营中各种可能的风险损失都在保单中予以明确提示，对于有些一年分数次循环举行的展览，则用一张商业复合保单就可以涵盖，非常便利。

会展风险管理需要政府、企业行业协会分工协作，共同努力。具体来说，三者在会展风险管理中的职能定位如下。

① 政府应建立国家层面的经济安全体系，政府就要在会展业危机应急机制中扮演如下角色。

a. 树立危机意识，借鉴发达国家危机管理模式和体制，成立专门的危机管理机构和统一领导、分工协作的反危机机构体系。

b. 制定和完善应对危机的法律。

c. 建立一个危机管理信息系统和知识系统。

d. 建立危机管理的资源保障体系，包括财政、人员等方面，把危机管理纳入国家预算之中，建立各种专项资金和基金制度，及对基金的监管制度和社会救济等方面的制度。

② 会展企业应树立危机意识，增强自身抵御风险的能力。

a. 突出主营业务，开展多元化经营：由于会展业非常敏感，即已受到突发事件影响，这样就需要会展企业在经营好主营会展业务的基础上，向其他产业或领域拓展。

b. 提升会展企业信息技术装备水平，适应网上展览和电话会议的需要。

c. 实行客户关系管理：实施 CRM 就是以单一客户为单位，对客户行为进行追踪和分析，发现每个客户的偏好和要求，进而提供相应的配置和服务方案，符合每个客户的个性要求。同时，会展业要建立起客户数据库，利用现代化手段进行数据处理，分析客户信息，从而把潜在的客户转变为忠诚客户，直至发展为终生客户。

d. 加强会展业的危机公关：会展业联动效应大、带动效应强，公关显得特别重要，主要包括与政府、其他产业、业内各参与主体以及媒体等各主体的联系。

③ 会展行业协会应建立一个有效的会展行业危机应急机制，要充分发挥行业协会的作用。

a. 通过行业协会加强会展各参与主体的合作。成立全国性的会展行业协会，使协会各成员都深刻认识到自己和其他企业命运休戚相关，在困难面前应该亲密合作，共渡难关。

b. 行业协会是重要的信息中心，具有一定的权威性和可靠性，因此，应该及时公布有关危机信息，以消除参展各方的恐惧心理。

c. 开展危机对会展业的损害调查研究。行业协会作为企业的联合体，作为政府和企业之间的重要纽带，开展产业损害调查最适合不过了。

d. 邀请业界专家、学者深入研究危机的影响，为国家出台相关政策提供理论依据，并使会展旅游企业充分认识到危机的影响，及时调整会展企业的产品结构、组织结构和经营战略。行业协会要负责专门的数据收集工作，并邀请专家学者进行理论分析。

e. 联合会展企业进行联合促销。

f. 加强会展行业协会人才的培养，改变目前行业协会人员素质差、专业人员比例低、专业人员老龄化的现状。

随着中国会展业的飞速发展，风险管理体系的构建也日益紧迫。借鉴发达国家的管理经验，我国构建会展风险保障体系同样需要从宏观、微观两个角度着手。一方面对宏观管理制度与组织架构方面进行完善，在全国范围建立起统一与权威的管理机构，并形成影响力比较大的行业协会，致力于对整个行业的发展规划、秩序协调、风险管理与安全保障等方面履行最终管理人的角色。另一方面在微观运营层面上，则要注重强化商业保险保障功能，大力引进并完善保险机制在会展中的运用，这有赖于国内保险机构从更多角度、更深层次介入到会展业经营当中。而会展行业自身要加强保险意识共同构建风险管理体系。

（1）实现会展经营方式的根本转变，制定稳健的会展产业发展政策，为中国会展业风险管理构建良好的宏观环境

会展业发展要实现根本性突破，首先必须实现从粗放型经营方式到集约型经营方式的根本转变，只有这样，才能从根本上走出重速度、轻质量的恶性循环，把会展发展引上稳健、健康的轨道，进而逐步增强民族会展业的综合实力。也只有在经营方式根本转变的前提下，才可能制定出稳健的会展产业发展政策。

稳健的会展产业发展政策是中国民族会展业发展的基本战略前提。首先，会展产业政策必须建立在中国特定的政治经济和人文背景上，才能走出一条适合中国国情的会展业发展道路。其次，会展产业政策必须体现可持续发展性，坚持可持续发展性，才能有效地开发中国潜在的会展资源，才能实现重速度、轻质量的粗放型经营方式到集约型经营方式的根本转变。最后，中国的会展产业发展政策，必须把战略管理、经营管理和风险管理融于一体，政府应以较高的战略眼光来发展会展业，对外资会展公司的税收政策应考虑到有利于民族会展业的发展和中外会展企业的公平竞争；会展业应坚持经营管理和风险管理相结合，实现会展真正地为社会经济、社会公众服务的宗旨；会展产业政策还必须考虑到中国经济发展的不平衡状况，在一定程度上可考虑建立区域性的会展产业政策与统一的会展产业政策相结合的会展产业政策体系。

（2）完善法律制度，为中国会展业风险管理提供制度支持

会展风险管理不仅仅是一种风险识别、衡量、控制、融资的技术方法，提供对风险管理的制度支持是十分必要的。法律是风险管理的制度基础，法律制度完善程度决定风险管理水平高低及其绩效大小。目前应着手解决会展发展与立法滞后的矛盾，抓紧时间构建完整有效的相关法律体系。

（3）实施全方位风险管理制度，强化社会风险管理理念，是中国会展业风险管理的重点

会展经营方式的转变、法律制度的构建不可能一蹴而就，在中国的特殊体制背景下，会展经营方式转变、法律制度构建应与会展业全面风险管理实施同步进行。中国会展业全面风险管理包括对物的风险、行为风险与心理风险的管理、制度风险与人的风险的管理、显性风险与隐性风险的管理、内生风险与外生风险的管理、风险信息管理系统与风险预警系统的管理等。

（4）强化风险管理理论建设和学科建设，为中国会展业风险管理提供理论指导

中国会展业风险管理现状与中国风险管理理论建设和学科建设是密切相关的。为此，应该加强风险管理理论建设和学科建设，借鉴国外风险管理理论，结合中国会展业发展实际，揭示中国会展业发展的特定风险，构建适合中国会展业实际的风险管理理论，促进理论研究机构与各会展公司的有机结合，即在风险管理理论指导下实施中国会展业的风险管理，在中国会展业风险管理实施中丰富发展风险管理理论。此外，风险管理理论研究机构（高等院校、会展公司内部会展与风险管理研究部门等）应该把培养现代风险管理人才作为己任，对会展公司管理人员进行业务再培训，实行会展管理人员风险管理资格证上岗制度，帮助各会展公司组建风险管理部，实施风险管理计划，建立风险管理信息系统和风险预警系统。通过社会各界的广泛努力，把中国会展业的风险管理水平推上一个新台阶。

本章小结

风险是指未来的不确定性对企业实现其经营目标的影响。风险与企业经营目标紧密相关。一般来说，企业目标定得越高风险越大，目标定得越低风险越小。风险管理又名危机管理，是指如何在一个肯定有风险的环境里把风险减至最低的管理过程。当中包括了对风险的量度、评估和应变策略。理想的风险管理，是一连串排好优先次序的过程，使当中的可以引致最大损失及最可能发生的事情优先处理，而相对风险较低的事情则押后处理。全面风险管理是指企业围绕总体经营目标，通过在企业管理的各个环节和经营过程中执行风险管理的基本流程，培育良好的风险管理文化，建立健全全面风险管理体系，包括风险管理策略、风险理财措施、风险管理的组织职能体系、风险管理信息系统和内部控制系统，从而为实现风险管理的总体目标提供合理保证的过程和方法。

会展风险主要有物质损失风险、财务损失风险、法律责任风险和人员损失风险。会展风险管理的实质是识别风险、筛选风险、控制重点风险、最终降低风险。会展风险管理四个步骤：会展风险识别、会展风险分析、制定对策和会展风险监控。会展风险管理的重点目标就是那些发生概率大并且影响力大的事件。

随着中国会展业的飞速发展，风险管理体系的构建也日益紧迫。借鉴发达国家的管理经验，我国构建会展风险保障体系同样需要从宏观、微观两个角度着手。一方面，对宏观管理

制度与组织架构方面进行完善，在全国范围建立起统一与权威的管理机构，并形成影响力比较大的行业协会，致力于对整个行业的发展规划、秩序协调、风险管理与安全保障等方面履行最终管理人的角色。另一方面，在微观运营层面上，则要注重强化商业保险保障功能，大力引进并完善保险机制在会展中的运用，这有赖于国内保险机构从更多角度、更深层次介入到会展业经营当中。而会展行业自身要加强保险意识共同构建风险管理体系。

复习与思考

1. 风险管理的意义是什么？
2. 什么是风险管理过程？
3. 会展主要有哪些风险？
4. 会展风险管理的实质和内容是什么？
5. 会展风险识别可以采用哪些方法？
6. 会展风险分析的目的是什么？
7. 会展风险监控常用的方法有哪些？
8. 我国会展风险管理有哪些对策？

▣ 案例分析：复杂的会展市场存在风险

目前复杂的国内会展市场正在逐步成熟，机遇与风险是并存的。有统计显示，国内会展业至少有30％的展会是赔钱的。

"办一个展览的前期投入非常大，组织者要面临很多风险。"很多展览公司指出，他们首先面对的就是资源风险，国内会展市场的资源是有限的。

在展览业，品牌效应是一个展览公司最可宝贵的财富，而现在很多企业缺少的正是这种品牌，没有品牌就意味着没有足够数量和质量的参展商。一般非名牌的专业性展会最大的收入就是展位费，参展商的数量决定了一个展会能否收回成本，而参展商的质量又决定了能否吸引有效的观众也就是购买商，有效的购买力又是一个展会能否继续办下去、能否成为名牌的重要条件。如此的循环需要的资源并非在短期内能达到。正如一些参展商所说，"任何一家公司和企业都不敢贸然参加一个只有一年历史的展会。"

天津国展中心展览公司的张凤泉说："现在国内的展览会的主题和类型很多相互雷同"。由于重复的展会非常多，企业对于一些展会的邀请非常反感，在资源有限的情况下，无形中市场的有效需求又下降了。可以说，大多数年轻的展会在前三届赔钱一点儿都不足为怪。只有实力强的公司才能坚持长期投资。

办展企业赔钱原因比较多。如有的展会本身就不以赢利为目的，如国内有些政府机构和行业协会为发展当地经济，免费请相关单位参展；有的是象征性收费，不足部分由相关部门补贴；这类展会肯定是"赔钱"的；有的展览会的办展机构是为了培养名牌展会，把收入全部投在展会上，造成不赢利，但展会也办得红红火火；有的展会由于各种原因造成展会支出大于收入，导致"赔钱"现象；当然，任何商业活动都有亏赚的可能，从事会展行业的单位应该有这种准备。

实际上，会展业中的展览公司相对于展览场馆赢利的可能性更大。张凤泉分析说，展览场馆在展会中一般仅能获得场地费，只占整个展会收入的 1/10，而展会策划和服务的企业则会赚取更大的收益。展会的组织者的收入往往是场馆机构的 3～5 倍，例如，场地机构对参展商每个标准摊位场地费定为 1500 元，而组织者往往把最终标准摊位费定为 6000 元左右。由于各城市的展会场馆多为事业单位建设和拥有，目的是带动城市经济，往往不会对参展商收很高的场地费，对观众也大多不收费或收费较低，因此，场馆机构相对于展览公司更易赔钱。

特色城市展会特办。真正有发展潜力的展会往往是有特点、有新意的展会。展会就像一面镜子，可以反映一个城市经济发展的特点和走势。经过几年的发展，各地也根据城市经济特点发展起来了自己的特色品牌展览。如广州的高科技展、上海的金融展、北京的 IT 展、西安的旅游酒店展、天津的商品贸易展和工业展等。

现在会展业已经达成一个共识，就是要根据各地的经济文化特点来举办展会。广州华展公司的王志发总经理分析说，广州是中国对外贸易的重要门户，素有"中国第一展"美誉的中国出口商品交易会每年春秋两季在广州举办。西安是中国西北的龙头和著名的旅游城市，在西安举办的酒店设备、旅游商品展十分频繁，该公司每年都在西安举办酒店设备及用品展览会。

展会要成为品牌，除了根据城市经济的优势特点，还要有新意的策划。一些业内人士指出，不成功的展会大致都重复一些相同的模式，存在一些"通病"。如果在会展模式上缺乏创新，就不会引起参展商的兴趣，给他们带来真正的利益，这也就无法促成展会的成功举行。

业内人士认为，参展商来参加展会的目的是能够促进企业的发展，拿到订单，获取相关的信息，和同行及时沟通，感受产业发展的走势等，如果你能真正了解每一届展会每一个客户的新需求，制定出合适的展会主题，量身定做，提供给参展商想要的东西，你的展会就肯定会成功。现在的展览更加专业化和规模化，如果展览组织者缺乏足够的专业认识和充分的市场准备，对客户所在产业的特性和市场的发展情况没有透彻的了解和深层次的认识，最终很可能会导致展会失败。

规模经营培育市场和所有行业一样，会展业发展到现在也面临着规模经营和市场规范的问题，并且越来越明显。整个行业似乎也看到了这个问题，从有关部门到展览场馆和展览企业，都把会展经济的健康发展摆在了重要位置。

规模经营是现在国内会展经济急需发展的。目前，国内会展经济的主要特点是市场结构过于分散。一方面，小规模展览经营企业占据着绝大部分市场份额。全国具有主办、承办展览资格的展览企业有 2000 余家，但这些企业的规模都比较小，办展能力也比较有限，平均每个企业年办展次数尚不足一次。

现在重复办展的现象比较普遍，例如同样是家具展，在一个城市接连举办的事情时有发生。到目前，展览行业并没有准入机制，也没有全国性的行业协会加以协调，各种规模的公司只要拿到批文都可以办展，导致展会过多过乱，影响行业的整体发展。国际博览会联盟（UFI）的一份报告认为，一个城市或地区如果基础设施相对完备、人均收入在世界中等以上、服务业在 GDP 中的比重超过制造业且过半、外贸总额占 GDP 的比重接近或超过100%、行业协会的力量相对较强，那么会展经济就得以在这一城市得到强势增长，并发挥相关的积极作用。

在业内，更多人认为只有通过市场竞争才能使会展经济的这些问题得到客观解决。中国的会展行业起步较晚，和国外的会展公司相比，规模相对较小，但会展业的发展速度很快。因此，通过激烈的市场竞争，有一部分会展公司会主动出局，一部分具有相当规模的会展公司则会逐步崛起。

讨论题

1. 为什么说目前复杂的国内会展市场机遇与风险是并存的？

2. 天津国展中心展览公司的张凤泉说："现在国内的展览会的主题和类型很多相互雷同"，这将会给会展业带来哪些风险？

3. 如何将风险管理纳入会展经理人的程序化工作？

2 会展风险管理计划

【学习目标】

学完本章，你应该能够：

1. 了解会展风险管理的目标；

2. 掌握会展风险管理的计划过程；

3. 熟悉会展风险管理的可行性分析的方法。

【基本概念】

会展风险管理目标　会展项目 SWOT 分析　会展风险计划　会展项目执行方案评估

2.1 会展风险管理目标

2.1.1 会展风险管理目标的含义与作用

目标是行动的纲领。会展风险管理工作的第一步就是要明确一个组织希望其会展风险管理计划做什么。会展风险管理是要付出代价的，为了从与会展风险管理相关的投入中得到最大的收益，必须制订一个计划，通过这个计划把整个会展风险管理工作串起来，使会展风险管理计划成为一个整体问题，其中涉及的每一项具体工作都可作为这个整体中的有机组成部分。

对于会展风险管理这个功能来说，可能的目标是多种多样的。其中包括维持会展企业的生存、使纯粹会展风险的代价最小化、防止可能出现的危机等。会展风险管理的第一个目标和大自然的第一法则同样是生存，即保证会展企业作为在经济中可以运作的一个实体持续存在。会展风险管理的目标就是要防止纯粹会展风险带来的损失，不使其阻止企业经营发展的实现。

不幸的是，会展风险管理程序中的一个非常可能被忽视的步骤就是决定会展风险管理计划的目标，结果是许多会展风险管理的努力最终破碎了或者没有持续下来。会展风险管理计划的许多缺陷来自于对计划没有一个明确的目标。这些目标必须是清晰的，否则在以后的实施过程中就会产生很大的分歧。

绝大多数的会展风险管理计划都是随着时间的推移而逐步完善的，新的会展风险出现时，需要用适当的措施去应对。通常在一个会展风险管理计划中，缺陷和问题都很容易得到矫正。但是，虽然那些缺陷可以通过对会展风险管理计划加以改变而得到矫正，但这样的改变只能带来暂时的改进。一个有意义的改变，不仅能校正差错，而且还能防止类似差错再次发生。这样的改变需要其他方面的修正。要矫正已有的差错，防止出现新的缺陷，我们必须密切关注导致差错产生的原因，在多数情况下，这些差错的产生来源缺乏一个明确的会展风险管理理念。

　　会展风险管理的理想目标是规避所有的系统会展风险，消灭所有的非系统会展风险。但是由于会展项目本身的特性，这个目标很难达到。我们可以将会展风险管理目标分解为四个可行的阶段目标。

　　① 尽早识别会展项目的各种会展风险，这是会展风险潜伏阶段的管理目标，识别全部会展风险是不可能的，因此我们强调尽早识别，会展风险越早被认识，组织就越有对付它的主动权。

　　② 尽力避免会展风险事件的发生，这也是会展风险潜伏阶段的管理目标，完全避免会展风险发生很难，因此我们强调竭尽全力。敌人何时进攻我们管不着，我们能尽力的是建好预防工事。哪怕会展风险不来，自己也要严阵以待，举轻若重，以万变应不变。

　　③ 尽量降低会展风险造成的损害，这是会展风险发生阶段的管理，既然会展风险已经发生，完全避免损失已经不太可能，我们可能强调尽量，即最大限度地减少会展风险的危害性。

　　④ 尽量总结会展风险带来的教训，这是会展风险后果阶段的管理目标，把会展风险的教训形成文档，以免在同一块石头上绊倒两次。

　　以上管理目标又称为"四尽原则"，由于会展风险管理的目标难以量化验证，所以我们只能强调主观因素，即尽早、尽力、尽量、尽责。

2.1.2　会展风险管理目标的特点

　　为了能够通过对会展风险的有效管理使会展项目摆脱会展风险的困扰，并以最小代价降低纯粹会展风险，会展风险管理必须遵循一定的步骤。会展风险管理作为一种对付会展风险的科学方法，一个具有逻辑性的渐进步骤对其效果是十分有意义的。

　　计划是一项重要管理职能，组织中的各项活动几乎都离不开计划，掌握必要的计划工作的方法与技能，是会展风险管理的基本要求。确定会展风险的目标是一项综合性的工作，需要从会展风险管理的各个环节、各个方面加以考虑。

　　(1) 会展风险的多目标性

　　谈论一个单一的会展风险管理目标是不恰当的，就像单独去讨论企业的单一目标一样。因为绝大多数组织有很多目标，多数职能部门也会有多个目标。一个企业，或是一个内部的一个部门，可能会有一个决定性的使命，但其他目标也不能忽视。在众多目标中，以下几个方面是最重要的。

　　① 保证资源在损失后的充分性；

　　② 应对纯粹会展风险的成本最小化；

　　③ 应对危机；

　　④ 满足法律与合同的义务；

　　⑤ 社会责任。

　　一个企业有多个目标，这些目标有时互相抵触。在这种情况下，必须作出决策来确定哪一个占有优先地位。因此，仅仅识别会展风险管理的目标是不够的，我们还要找出最为重要的目标，即想通过会展风险管理得到什么？为什么要采取会展风险管理的行为。

　　(2) 保护企业经营的有效性

　　我们将会展风险管理定义为以最小的代价降低纯粹会展风险的一系列程序。会展风险管理的目标很多，但是我们可以从这个定义中确定会展风险管理的两个主要目标：减缓会展风险和使会展风险的成本最小化。

无论企业的目标是什么，只有当企业继续存在时才有可能实现这些目标，由此可见，会展风险管理的首要功能便是：保证企业在经济社会中的一个经营实体继续存在，从这个意义上来说，会展风险管理的首要功能便是在企业目标层次中担任支持角色。会展风险管理的首要目标不是直接贡献于企业的其他目标，无论这些目标是什么；而是保证这些目标不会因为由纯粹会展风险引起的损失而无法实现。这意味着最重要的目标既不是成本最小化，也不是为企业的盈利直接作出贡献。会展风险管理的首要目标也不是遵从法律要求，或者满足公司的社会义务所赋予公司的责任。会展风险管理可以而且确实考虑了所有这些问题，但它们不是会展风险管理存在的根本原因。会展风险管理的根本目标其实是确保企业经营的有效性。

考虑到会展风险管理功能生存目标的重要性和成本的不确定性，我们提出了以下对于会展风险管理功能的首要目标，即保护企业经营的有效性，保证企业其他目标的实现不受到纯粹会展风险而可能引起的损失影响。

（3）其他

除了首要目标之外，还有一些二级目标，其中有一些可能会与首要以及其他目标相冲突。

实际上，会展风险管理中减缓会展风险和使会展风险管理的成本最小化这两个主要目标是和会展风险对企业造成影响的时间顺序有关的。减缓会展风险主要是为了保证一旦出现不利的情况，企业的预期目标可以实现；而会展风险管理成本最小化主要是针对在损失发生以前，使企业能够以最小的代价摆脱会展风险的困扰。由此看来，把会展风险管理的目标按损失发生前后来划分是很有意义的。损失发生以后的目标是损后目标，而损失发生以前的目标是损前目标。

这样的两个目标还可以进一步分解。同时，许多其他的目标也可以归类到损后或损前目标中，如表 2-1 所示。

表 2-1　会展风险管理的其他目标

损　后　目　标	损　前　目　标
生存	经济性
经营的连续性	应对危机
盈利的连续性	履行外部施加给企业的义务
持续增长	减少担忧
社会责任	社会责任

① 经济性　它指的是将与纯粹会展风险有关的成本降到最低的可能限度，与第一目标生存相一致。条件是认为经济应以足够支付潜在巨大损失的成本达到。虽然一般将经济性归类为一个损前目标，但还有一些例子说明经济性，也就是应对会展风险的成本，也可以成为一个损后目标。许多减少损失的方法是在损失发生后才运用的，在此时作出的决定会对损失和处理会展风险的最终成本有所影响。

② 盈利的稳定性　这一目标产生于收益变动对公司所有者和第三方带来的不利影响。股东更喜欢稳定的收益，而不是剧烈变动的收益。因为投资者一般更喜欢平稳的收入。通过减少纯粹会展风险可能带来的收益变动，会展风险管理就能提升会展企业的总体绩效。减少纯粹会展风险可能带来收益变动有助于规划，而且其本身也是公司的目标。

③ 持续增长 利润最大化并不总是组织的主要目标，对一个有强劲增长历史的组织，持续增长的能力是其最重要的目标之一。恰当的构思和实施的会展风险管理战略有利于组织面临可能威胁增长的损失时保持增长。

④ 履行外部施加给企业的义务 这一目标和会展企业与其他组织和政府的关系相关，很多商业关系中使用的合同都谈到了在特定的条件下由哪一方对损失负责的问题。比如合作单位中途退出，甚至另起炉灶办展，致使会展的筹备工作出现混乱等。各地政府也都要求赔偿员工因工受伤的损失，并为确保这项义务而购买保险，还有一些条例要求企业有安全措施来保护员工或公众利益。

⑤ 应对危机 根据危机管理学的观点，危机是指那些无法预知的、被忽视的，有颠覆力以及对组织、社会和个人可能造成重大危害的意外事故。危机无处不在，危机随时可能发生，会展企业的危机有四个最显著的特点：意外性、危害性、紧急性和不确定性。会展企业无论是前期的预警防范还是后期的控制处理，必须尽可能降低会展危机的不确定性，并防止危害的进一步扩大和蔓延。

⑥ 减少担忧 减少担忧的目标，是使人们获得平和的心灵。这种心灵的平和是来自于得知已经采用了适当的方法去处理不利状况后的心情放松。当潜在的巨大的损失还没有得到预防时，或者管理层不知道这样的隐患是否得到处理时，这样的不确定性与脑力疲劳可能分散管理人员在其他方面的精力。由一项精心设计和执行的会展风险管理策略带来的放松心情，能使管理人员将精力直接投入公司的成长和盈利。

⑦ 社会责任 社会责任既可归类于损前的目标，又是损失发生后的企业目标。由于会展活动在操作过程中要和社会经济的诸多方面发生联系，所以会展企业的社会责任显得尤其重要。损前的社会责任是指企业由于其与它的员工、其他组织和整个社会的关系而面临的各种社会义务。

作为会展风险管理流程不可或缺的部分，损失预防和控制手段能产生社会利益。这些手段使资产免于遭受损失。如果采用适当的会展风险管理策略来保护企业，使之免于灾难性的损失，就可以避免破产和由破产导致的破坏。

【案例 2-1】 资金不足引发危机

经过数次波澜，中国建筑艺术双年展终于开展了，并赢得了诸多掌声。面对这个原本应该是中国建筑界标志性的盛事，著名建筑批评家包泡先生感慨道："双年展这辆车开动了，没有抛锚，可是浑身都有毛病。"

经费捉襟见肘。对中国建筑艺术双年展最大的赞助者之一——今典集团董事长张宝全认为，此次展览会最大的问题在于资金不足，从而引发了展览危机和人的危机。这种危机集中体现在作为策展人的张永和、崔恺、单戴娜退出了组委会工作，因为经过前期的多次波折，他们认为组委会无法支付展场所需的高额费用。

据双年组委会负责新闻宣传工作的蔡先生称，由于此次展览会是由民间发起的，基本没有政府拨款和商业运作，全靠一些民间资本的资助，所以经费上处处捉襟见肘。而国际上的类似展览一般都有着雄厚的基金会支持和大量的民间资助，比如被称为"建筑界的奥林匹克"的世界著名威尼斯建筑艺术展。

经营不善，一方面筹措经费异常艰难，另一方面又没有充分利用其有效的资源自给自足地"赚钱"。按照国际惯例，不少展览都含有某种经营成分，如对门票收入进行部分提成，以弥补经费上的欠缺。但是事实证明，本次双年展组委会严重缺乏"经营头脑"——展览馆和规划展览馆展出的门票收入都归展览馆所有，组委会一分钱也分不到。据组委会负责人透露，推出的 8000 元的套标，包括了参加展览和论坛及住宿，观众并不买账，销售情况很糟糕。

2.2 会展风险管理的可行性分析

会展项目可行性性分析是会展项目管理的关键步骤，具体包括市场环境分析、明确会展项目定位、最优方案选定、财务预算等，内容比较庞杂。在商业性会展活动中，所有的策划行为都离不开市场，因而就会展策划而言，会展风险管理的可行性分析的主要内容为分析某一会展市场的结构和前景，估算成本收益，并选定最优的会展项目运作方案。

在实际操作中，会展市场调研、会展项目立项和可行性分析基本上是交叉进行的，有不少会展公司甚至将可行性分析结果融入到会展项目立项策划书中。这样，市场调研就起着至关重要的作用。策划人员必须在市场调研和立项策划的基础上撰写详细的会展项目可行性分析报告，这不仅有助于主办方系统地把握一个会展项目，而且对该项目的长期发展大有裨益。

2.2.1 会展项目的 SWOT 分析

作为管理学中评价企业发展环境的一种经典方法，SWOT 分析中的 S、W、O、T 分别是指 Strength（优势）、Weakness（劣势）、Opportunity（机会）、Threaten（威胁）。所谓会展项目 SWOT 分析，就是通过对会展项目（包括办展机构）所具备的优劣和劣势的分析来判断其竞争实力，通过对会展项目所处环境的机会和威胁的分析来判断其发展潜力。如表 2-2 所示。

衡量会展项目发展战略是否合理的一个简单而有效的准则是：它是否能充分发挥优势，是否能及时抓住机会，是否能很好地克服劣势，是否能有效回避威胁。

SWOT 分析模型为会展项目提供了一种战略分析框架，指出战略分析要关注内部的优势、劣势以及外部的机会、威胁，并由此衍生出 SO 战略、WO 战略、ST 战略、WT 战略四种战略。如表 2-3 所示。在使用这种方法时，策划人员应该对影响外部办展环境和办展机构实力的相关因素进行动态调整或者作出科学预测，这样所作的决策才能更合理。

2.2.2 会展项目可行性报告的要素

（1）市场环境分析

市场环境分析是会展项目可行性分析的第一步，先根据会展立项策划提出的会展举办方案，在已经掌握的各种信息的基础上，进一步分析和论证举办会展的各种市场条件是否具备，是否有举办该会展所需要的各种政策基础和社会基础。市场环境分析不仅要研究各种现有的市场条件，还要以其未来的变化和发展趋势作出预测，使会展可行性分析更加科学合理。市场环境分析包括：宏观市场环境分析、微观市场环境评价。

（2）会展项目的生命力分析

会展项目生命力分析是从计划举办的会展项目的本身出发，分析该会展是否有发展前途。只有具有发展前途的会展项目才有投资举办的价值，分析会展项目的生命力是要分析该会展的长期生命力。会展项目生命力分析包括：会展项目发展空间、会展项目竞争力分析、办展机构优劣势分析。

表 2-2　会展项目 SWOT 分析的主要内容

主　要　内　容		评估的关键性标准	备　　注
外部机会	经济环境	经济稳步发展	包括办展机构、参展商和专业观众所在的国家和地区
	社会文化环境	社会文化习俗等	
	政治法律环境	政治稳定、政府的鼓励支持、相关法律健全	
	技术环境	能为会展开发创造新的机会，例如新技术在会展中的运用	
	产业发展水平	产业发展空间大、势头良好	
	竞争状况	同主题的会展很少	
	潜在参展商和专业观众	潜在参展商和专业观众的规模足够大	
	举办地优劣势	举办地具有很强的辐射能力	
外部威胁		——	主要参照外部机会指标
内部优势	办展机构的实力	资金、人力充足，且在业内享有较好的口碑	
	对行业的熟悉程度	熟悉会展项目所在的行业	
	会展项目定位	定位明确且有吸引力	
	会展价格	报价具有竞争力	基于控制成本等原因
	现场服务水平	服务专业、周到	
	与服务商的关系	与一批服务专业的供应商长期保持着良好的合作关系	
	与代理商的关系	代理商态度端正、工作积极	
	与社会公众的关系	与政府、媒体甚至社区公众等保持着良好的关系	
内部劣势		——	主要参照内部劣势指标

表 2-3　基于会展项目 SWOT 分析的对策

SO 战略	WO 战略	ST 战略	WT 战略
发挥内部优势 利用外部机会	改进内部劣势 利用外部机会	发挥内部优势 回避外部威胁	改进内部劣势 回避外部威胁

（3）场馆执行方案分析

场馆执行方案分析是从计划举办的会展项目本身出发，分析该会展项目立项计划准备实施的各种执行方案是否完备，是否能保证该会展计划目标的实现。分析的重点是各种执行方案是否合理、是否完备和是否可行。

（4）会展项目的财务分析

会展项目财务分析是从办展机构财务角度出发，按照国家现行的财政、税收、经济、金融等规定，在筹备举办会展时确定的价格的基础上，分析测算举办该会展的费用支出和收益，并以适当的形式组织和规划好举办会展所需要的资金。会展项目财务分析的主要目的，是分析计划举办的会展是否经济可行，并为即将举办的会展制定资金使用规划。会展项目财务分析的办法有：财务分析预测、财务效果的计算和分析、制定资金规划。还必须进行价格定位、成本收入预测、盈亏平衡分析、现金流量分析和资金筹措。

（5）会展项目的风险预测

一般来说，举办会展可能面临的风险有六种：政策风险、技术风险、财务风险、市场风险、经营管理风险和合作风险。办展机构要通过对各种会展风险的评估，采取相应对策，尽量回避和降低可能遇到的会展风险。

① 政策风险　尽管策划会展项目首先需要考虑的是市场，但了解并遵守相关政策法规也很有必要。会展策划人员需要综合考虑三个方面的政策法规：会展行业政策法规、会展举办地以及参展商所在国家和地区的政策法规、会展所涉及行业的政策法规。

② 技术风险　目前，技术风险尚未引起会展行业的足够重视，但随着高新技术特别是信息技术的迅猛发展以及环保要求的提高等，技术革新将成为会展主办单位甚至参展商面临的重要问题之一。如果会展项目打算运用复杂或高新技术，或采取非常规的方法，譬如会展首次采用一种最新的专业观众统计分析系统，就可能存在潜在问题。另外，当办展机构的技术目标过高或技术标准发生变化时，也可能造成技术风险。对于完全新开发的会展项目，尤其需要重视技术风险。降低会展项目技术风险的最好办法就是大力推进科技成果在会展中的运用，这是整个会展业发展的必然趋势。

③ 财务风险　对于会展项目而言，财务风险是指办展机构的筹资（借款）决策给财务成果所带来的不确定性。如果会展项目的税前利润不够支付借款利息，或者投入的资金不能按照预期收回，都会导致会展公司的财务风险。

现金流贴现技术是会展财务分析的基本方法，但会展策划人员在运用这种方法时有两点需要特别注意。首先，在计算会展现金流量时，不仅要考虑直接的现金流情况，还要考虑直接现金交易的机会成本。此外，一般情况下，会展项目也不是孤立的，它必然会对会展公司的其他项目产生影响。如果一个新会展项目降低了老项目的现金流入，则在分析新项目的现金流量时要考虑其造成的老产品现金流量的损失，二者之差才是新项目所产生的净现金流量。总之，办展机构应保持合理的资金结构，并慎重选择会展投资项目，以期尽量降低财务风险。

④ 市场风险　市场风险是指与整个市场波动相联系的风险，它通常对某个行业甚至所有行业的所有企业都会产生影响，因而又被称为"不可分散风险"。经济、政治、利率等都有可能成为导致市场风险的原因，具体如经济衰退、战争、恐怖活动、通货膨胀、疾病等。

对于这样的会展风险，会展主办单位只能积极采取措施进行预防或规避，努力将不利影响降至最低程度。为了回避和减少"不可抗力因素"所带来的损失，会展策划人员在进行会展可行性分析时，应该认真研究相关的社会、政治、经济环境，并作出相应的对策，如选择合适的举办地点和时间等。

⑤ 经营管理风险　指在经营管理过程中，由于办展机构自身的决策失误或行为不当给会展带来损失的可能性。从理论上讲，经营管理风险可能发生在会展运作的各个环节，如会展定位不合理、专业观众组织不力、招展严重不足、布展期间出现重大安全事故、现场服务水平低且秩序混乱等。然而，对于办展经验丰富的主办单位而言，最容易出现的经营管理风险有两种，即专业观众组织不到位和招展明显不足。

企业可能没有财务风险，但不可能没有经营风险，财务风险只是加大了经营风险。对于各种可能出现的经营管理风险，只要主办单位提前预防，一般是可以避免的，即使发生了也能迅速、有效地进行控制。

⑥ 合作风险　所谓合作风险，是指办展机构各单位之间，主办单位与会展场馆、主办单位与各营销中介（比如招展代理商）、主办单位与服务商等之间可能出现的矛盾和分歧。这些矛盾和分歧不仅会影响招展和专业观众组织工作，从而影响展出效果，更严重的是，合作风险事件往往会给会展的品牌形象带来明显的负面影响。

因此，办展机构各单位之间以及主办单位与代理商、服务商等之间的合作事宜，都应该用合同的形式确定下来，而且合同条款越细越好，以期在合作风险发生后能有效克服。另外，策划人员应充分估计合作过程中可能出现的各种不确定性，并提出预防和处理的主要办法。

在对会展项目进行了以上各种分析之后，在最后下结论之前，还要对举办该会展项目的社会效益进行评估。如果通过评估，举办该会展其本身的经济效益和它所带来的社会效益是明显的和可以接受的，那么就可以认为举办该会展是可行的，否则就是不可行的。

完成上述分析以后，就可以形成会展项目的可行性报告，对会展项目的立项是可行还是不可行作出系统的评估和说明，并为最后完善该会展项目立项策划的各具体执行方案提供改进依据和建议。因此，会展项目的可行性报告还包括以下内容。

① 存在的问题　包括通过以上可行性分析发现的会展项目立项策划存在的各种问题，研究人员在可行性分析中意外发现的可能对会展项目产生影响的其他问题等。

② 改进建议　针对上述问题，提出对会展项目立项策划的改进建议，指出要成功建设场馆应该努力的方向等。

③ 努力的方向　根据会展项目的宗旨和目标，在上述分析的基础上，针对存在的问题，提出要实施好会展项目所需要具备的其他条件和需要努力的方向。

【案例 2-2】　北京汽车展的"一分为二"

北京汽车展的"分家"事件一度闹得沸沸扬扬，当时传出 2004 年北京将有两个车展，一个是 2004 年 5 月 18—25 日在经开国际汽车汇展中心举行的 2004 年"北京国际汽车展览会"（Beijing Motor Show，04），由中国机械工业汽车工业协会主办，贸促会汽车分会、中国汽车工程学会和经开国际汽车汇展中心承办；另一个则是 2004 年 6 月 9—16 日在中国国际展览中心和农业展览馆举行的"第 8 届北京国际汽车工业展览会"（Auto China 2004），由中国汽车工业总公司、中国国际贸易促进委员会、中国机械装备公司主办，中汽对外经济合作公司、中国国际展览中心集团承办。

中汽对外经济合作公司总经理赵海明表示，这种不明智之举有四大负面影响：伤害北京国际汽车展品牌；引发展览会市场混乱；导致厂商无所适从，展览会本身混乱；引发恶性竞争，破坏行业组织本身的功能。后来，经过有关部门反复协调，最终得以合并。在 12 月 24 日的新闻发布会上，中国国际贸易促进委员会会长万季飞正式宣布，2004 年北京国际汽车展览会将于 6 月 9—16 日举行。尽管 2004 年北京车展最终取得了成功，但在业内造成不良影响是公认的事实。对此，有媒体报道："鹬蚌相争，渔翁得利。"因为，此前北京车展一分为二，在招商过程中恶性竞争，给了国内外一些参展商大幅压价的机会。

2.2.3　会展项目可行性报告的格式

会展项目建设可行性的格式分为三个部分。

① 对会展项目进行论证。对会展项目概况进行分析，分析会展项目研究的背景，提出发展的条件。

② 论证会展项目可行性报告。对会展项目的必要性和可行性进行分析。针对会展项目建设方案与规模进行分析，对会展项目实施计划与投资进行估算，进行资金筹措及效益分析。

③ 撰写新的会展项目可行性报告。对工程进行招投标，提出综合评价与建议，形成新的会展项目可行性报告。如表 2-4 所示。

表 2-4　会展项目可行性报告

提　纲		主　要　内　容	备　注
封面		包括公司名称、会展项目名称、报告完成时间	——
目录		——	
正文	SWOT 分析	分析主办单位外部的机遇与威胁以及内部优劣，从而判断会展项目的生命力和竞争力	
	市场环境分析	——	指会展所在行业的市场结构
	生命力分析	会展项目发展空间、会展项目竞争力分析、办展机构优劣势分析	
	场馆执行方案分析	各种执行方案是否合理、是否完备和是否可行	
	财务分析	成本估计和收入预算	——
	会展项目执行方案	主要包括会展的基本情况、资金筹措方案、招展招商计划、宣传推广计划、服务供应商选择、人员安排计划、会展进度安排、现场服务与管理计划等	——
	会展风险预测	主要包括政策风险、技术风险、财务风险、市场风险、管理风险等	——
	社会效益评估		
	结论和建议	存在问题、改进建议、努力的方向	——
附录		相关调研资料	——

2.3　会展风险管理计划过程

会展风险计划（Risk Planning）就是会展风险管理的一整套计划，主要包括定义会展项目组及成员风险管理的行动方案及方式，选择合适的会展风险管理方法，确定会展风险判断的依据等，用于对会展风险管理活动的计划和实践形式进行决策。会展风险计划标志了与项目相关的会展风险，所采取的会展风险评估、分析手段，制定了会展风险规避策略以及具体实施措施和手段。可以从内部和外部两种视角来看待会展风险规划过程：外部视角详细说明过程控制、输出和机制；内部视角详细说明用机制将输入转变为输出的过程。

2.3.1　会展风险计划过程的要素

会展风险计划封装了将输入转变为输出这一过程的所有活动，包括以下要素。

（1）过程控制

会展项目资源、会展项目需求和会展风险管理能力约束着会展风险规划过程。会展项目资源涉及人、财、物、时间、信息等，会展项目资源的有限性决定了会展项目风险规划的必要性，同时也给会展带来了一定的风险性。会展需求对会展风险规划也有一定影响，如需求不明确使会展风险规划的有效性大打折扣。会展风险管理能力直接影响到会展风险规划的科学性和可操作性。

（2）过程输入

会展风险列表、会展风险管理策略、会展风险容忍度、会展风险管理计划模板、WBS等组成了会展风险计划过程的输入。会展风险管理计划的依据主要有：会展规划中所包含或涉及的有关内容、会展项目组织及个人所经历和积累的会展风险管理经验及实施、决策者、责任方及授权情况、会展利益相关者对会展风险的敏感程度及可承受能力、可获取的数据及管理系统情况等。

（3）过程输出

会展风险设想和会展风险计划书构成了会展风险计划过程的输出。会展风险设想是对导致不尽如人意的结果的事件和情况的估计。事件描述导致会展风险发生时必然导致的后果，情况描述使未来事件成为可能的环境。会展风险管理计划书是会展风险管理的导航图，告诉会展管理组织，会展怎样从当前所处的状态到达所希望的未来状态。做好会展风险管理计划，关键是要掌握必要的信息，使会展项目组织能够了解目标、目的和会展风险管理过程。会展风险管理计划有些方面可以规定得很具体，如政府或会展企业的职责等，而另一些领域则可以规定得笼统一些，让使用者能够选择最有效的实施方法。例如关于评估方法，就可以提出几种建议，供评价者在评估会展风险时选用。这样做比较恰当，因为每种方法都有其所长，亦有其所短，要视情况而定。

2.3.2 会展风险计划技术和工具

会展风险管理计划的主要工具是召开会展风险计划会议，参加人员包括会展项目经理和负责会展风险管理的团队成员。通过会展风险管理计划会议，可以决定会展风险管理的方法、工具、报告和跟踪形式以及具体的时间计划等。有效的会展风险管理计划有赖于建立科学的会展风险管理机制，充分利用会展风险计划技术、工具，如会展项目分解结构等。

（1）会展风险管理图表

会展风险管理图表是将输入转变为输出的过程中所有的技巧和工具，它包含在会展风险管理计划中，以利于人们能清楚地看到会展风险信息的组织方式。会展风险管理的三个重要图表是会展风险核对表、会展风险管理表格和会展风险数据库。

① 会展风险核对表　会展风险核对表将各个侧重点进行分类以理解会展风险的特点。会展风险核对表可帮助人们彻底识别在特定领域内的会展风险。

② 会展风险管理表格　会展风险管理表格记录着管理会展风险的基本信息。会展风险管理表格是一种系统地记录会展风险信息并跟踪到底的方式。在任何时候都可以用会展风险管理识别表。

③ 会展风险数据库　会展风险数据库表明了识别会展风险和相关信息组织方式，它将会展风险信息组织起来供人们查询、跟踪状态、排序和产生报告。

（2）会展项目工作分解结构

工作分解结构图（WBS，Work Breakdown Structure）是将会展项目按照其内在结构或实施过程的顺序进行逐层分解而形成的结构示意图，它可以将会展项目分解到相对独立的、内容单一的、易于成本核算与检查的工作单元，并能把各工作单元在会展项目中的地位与构成直观地表示出来，如图2-1所示。

WBS是实施会展项目、创造会展最终产品或服务所必须进行的全部活动的清单，是进度计划、人员分配、预算计划的基础，是对会展项目风险实施系统工程管理的有效工具。

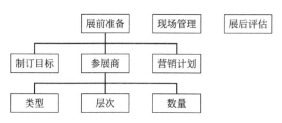

图 2-1 会展项目分解结构简图

在会展项目早期应及早建立 WBS，以便为会展项目的管理活动提供支持。在会展项目的寿命周期过程中，使用部门应将会展项目的 WBS 作为计划未来的系统工程管理、分配资源、预算经费、签订合同和完成工作的协调工具，应依据会展项目 WBS 报告工程进展、运行效能、项目评估和费用数据，以控制会展项目风险。

运用 WBS 对会展项目进行分解时，一般应遵循以下步骤。

① 根据会展项目的规模及其复杂程度，确定工作分解的详细程度。如果分解过粗，可能难于体现计划内容；分解过细，会增加计划制订的工作量。因此在工作分解时要考虑到分解对象、使用者、编制者等方面的情况。

② 根据工作分解的详细程度，将会展项目进行分解，直至确定出相对独立的工作单元。

③ 根据收集的信息，对于每一个工作单元，尽可能详细地说明其性质、特点、工作内容、资源输出（人、财、物等），进行成本和时间估算，并确定负责人及相应的组织机构。

④ 责任者对该工作单元的预算、时间进度、资源需求、人员分配等进行复核，并形成初步文件上报机关或管理人员。

⑤ 逐级汇总以上信息，并明确各工作实施的先后次序，即逻辑关系。

⑥ 会展项目最高层将各项成本汇总成会展项目的初步概算，并作为会展项目预算的基础。

⑦ 时间估算及工作单元之间的逻辑关系的信息汇总为会展项目总进度计划，这是会展项目网络图的基础，也是会展项目详细工作计划的基础。

⑧ 各工作单元的资源使用汇总成"资源使用计划"。

⑨ 会展项目经理对 WBS 的输出结果进行综合评价，拟订会展项目的实施方案。

⑩ 制订会展项目计划，上报审批。

⑪ 严格按会展项目计划实施，不断修改、补充完善会展项目计划。

遵循上述步骤所形成的工作结构分解图就定义了整个会展项目中所有的项目范围。不在 WBS 中包括的工作结构分解图就不应该是该会展项目的工作，而包括在 WBS 的每一项工作都必须被很好地完成，才能保障整个会展项目顺利完成。因此，会展项目分解过程十分重要，决定了会展项目的成败，会展项目经理以及项目小组的每个成员都应该十分关心项目分解结构图是否正确，积极参与到会展项目分解工作中，并对所形成的项目分解结构图提出修改意见，以使其更符合会展项目管理的需要。

在会展项目中，一般在第一层次上按照会展项目的工作流程分解，而第二层次和更低层次则按工作的内容划分。下面是会展项目 WBS 举例，如图 2-2、表 2-5 所示。

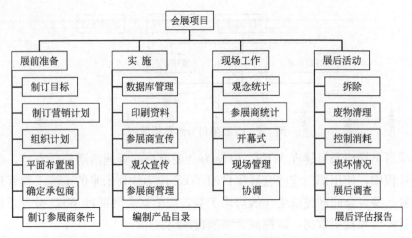

图 2-2　会展项目 WBS 举例

表 2-5　工作细分结构和各项任务

讲座/专题讨论会的项目管理工作	演讲人员
招聘项目团队	落实候选人以及相关的收益和成本
建立组织程序	做出推荐并获得批准
建立首席行政官的支持水平和预算计划	签订合同
向技术副总裁和董事会呈送报告	保持定期联络
确定项目的目标	招待演讲者
技术规划	宣传和推广
确立讨论的主题	主题创立和审批
进行主题间的战略归类	标志物的设计和审批
招聘学术计划团队	制作录影带
为选拔工作制订程序	宣传资料的确认和审批
就专题讨论会与教育委员会协调	广告:项目管理协会、公关商业
规划并发表论文/主题讨论征集函	媒体和刊物
征集受邀的论文/主题讨论	地区性新闻文章
征召会议主持人	财务
制订并发布会议进度计划发言稿	建立会计代码
选择印刷单位	制订财务运作程序
规划并发行提要文献和会刊	建立独立的审计程序
为早餐发言会准备相应的奖励	单独开立银行账户
确认视听方面的要求	建立现金流估计/规划
制订并发布技术报告	开发并出具标准报告
联谊待客项目	就账户合并与首席行政官交涉
确立目标	建立并出具财务报告
确定可行活动	企业资助
分析成本—收益	树立参与观念
确认推荐单位	定位于主要的公司
完成合同签订工作	征求主要的公司
招聘员工	征求参与者
	认可
	设备供应商/首席行政官的支持
	与接待方和后援酒店联系
	员工招聘

【案例 2-3】　事后补偿功能转变为事前的预防

　　会展业已经日益成为中国城市发展的一个新兴行业。然而，与越来越热闹的会展市场形成鲜明对比的是，保险却有些令人"尴尬"，因为很多展览馆和会展商对保险的态度仍然十分冷淡。而国际上一些成熟的展览会市场，比如法兰克福、多特蒙德等城市，会展主办者的风险管理意识就非常强，也懂得怎样通过保险转移财物损失、责任赔付以及经营损失等各类风险。

因为缺乏必要的风险保障，以往国内的会展业就"吃过亏"。比如，"非典"期间，北京取消或延期的会展占全年会展总数的 40%～65%。展览场馆和主要经营会议场所的损失，占其全年收入的 40%左右；主办单位和承办单位的损失，占其全年收入的 50%以上。而原定于当年春天举行的北京最大规模的会展活动——第六届科博会因为推迟到了秋天举办，导致规模只有计划的 1/3。

据了解，现在很多参展商的保险意识还是比较强的，一般会主动找保险公司投保财产险和运输险等，但基本上都属于个体行为，作为会展的主办方或者承办方来说，仍然缺乏常规的风险意识，很少愿意把会展当做一个整体来投保。由于责任险涉及会展各方的利益，不仅包括主办方、承办方、参展方，甚至还涉及运输方，而目前法律上又对风险发生后各方的责任没有明确的界定，因此实际操作当中的难度很大。

为此业内有关专家认为，随着国内会展业与国际水平的不断接轨，其风险意识也会逐步提高。因此，对于保险业来说，要想更多地开掘会展保险市场，除了根据会展业的特点有针对性地设计保险产品以外，还应该注意发挥自身的技术优势，帮助其建立科学、完善的风险管理机制，尽可能地把原有的事后补偿功能转变为事前的预防，这样才能促使会展业更愿意接受保险。

2.4 会展风险管理计划控制

2.4.1 概述

在会展项目实施的过程中，由于种种不确定因素的干扰，使得会展项目实施必然会偏离预先设定的计划轨道。为了保证会展项目成功和各会展项目目标的实现，有必要对这种偏离采取必要的、有针对性的措施加以纠正，此过程即为会展项目控制过程。

会展项目控制将贯穿于会展项目的整个实施阶段，而且是一个动态过程，在不断获取会展项目跟踪所得信息的基础上，要对所发现的问题及时采取措施解决。问题发现得越早，就越好改正。因此，会展项目组织在各项资源允许的前提下，可以适当地缩短会展项目报告的频率，直至会展项目回到轨道上来。

会展项目控制的基本方法是将跟踪到的会展项目计划执行信息同原计划相比，寻找偏差；仔细分析偏差产生的原因，并对未来发展趋势进行分析；最后采取有针对性的纠偏措施。可见，有效的会展项目控制的关键是定期并及时测量会展项目实际进展情况，同时需要管理者有敏锐的洞察力，善于发现和解决问题。

2.4.2 构成要素

会展风险控制系统是一套监控会展风险的制度性框架，又被称之为安全保障体系，由六个要素构成。

① 信息系统 这是捕捉并跟踪会展风险的眼睛和耳朵。我们不难发现，信息系统是会展风险管理的核心环节，它贯穿会展风险识别、会展风险控制、会展风险应对、会展风险善

后的每一阶段。无论在会展风险控制体系中，还是在会展风险应对机制中，其他的要素都可以在安全状态下休眠，并在确立控制目标之后临时设置，只有信息系统是常设机制，须保持常备不懈。所谓会展风险管理，主要体现为信息管理。

② 责任制度　即监控会展风险的职能分工组织架构，出了问题，各咎其责。

③ 预警指标　即设置会展风险量化指标中的临界值没有超出临界值，属于安全范围，超出临界值就自动报警。

④ 应急预案　即为了应对会展风险爆发而准备的方案，有些预案尽管无法扭转会展风险，但是至少可以控制会展风险蔓延。

⑤ 时间安排　指的是采取控制措施的时间跨度，如财务审计周期、会展进度等。

⑥ 操作规程　即采取控制措施的具体程度规定，这将涉及一些非常具体的执行细则。

2.4.3　控制目标

（1）会展项目成本控制

会展项目成本控制是指会展项目组织为保证在变化的条件下实现其预算成本，按照事先拟订的计划和标准，通过采用各种方法，对会展项目实施过程中发生的各种实际成本与计划成本进行对比、检查、监督、引导和纠正，尽量使会展项目的实际成本控制在计划和预算范围内的管理过程。随着会展项目进展，根据会展项目实际发生的成本额，不断修正原先的成本估算和预算安排，并对会展项目的最终成本进行预测的工作也属于会展项目成本控制的范畴。

有效成本控制的关键是经常及时地分析成本绩效，尽早发现成本差异和成本执行的无效率，以便在情况变坏之前能够及时采取纠正措施。成本控制的内容包括如下几项。

① 识别可能引起会展项目成本基准计划发生变动的因素，并对这些因素施加影响，使其变化朝着有利的方向发展。

② 以工作包为单位，监督成本的实施情况，发现实际成本与预算成本之间的偏差，查找出产生偏差的原因，做好实际成本的分析评估工作。

③ 对发生成本偏差的工作包实施管理，有针对性地采取纠正措施，必要时可以根据实际情况对会展项目成本基准计划进行适当的调整和修改，同时要确保所有的有关变更都准确地记录在成本基准计划中。

④ 将核准的成本变更和调整后的成本基准计划通知会展项目的相关人员。

⑤ 防止不正确的、不合适的或未授权的会展项目变动所发生的费用被列入会展项目成本预算。

⑥ 进行成本控制的同时，应该与会展项目范围变更、进度计划变更、质量控制等紧密结合，防止因单纯控制而引起会展项目范围、进度和质量方面的问题，甚至出现无法接受的会展风险。

（2）会展项目进度控制

会展项目进度控制是指对会展项目各建设阶段的工作内容、工作程序、持续时间和衔接关系编制计划，在实际进度与计划进度出现偏差时进行纠正，并控制整个计划的实施。进度控制的会展项目实施中与质量控制、成本控制相互影响、相互依存、相互制约。会展项目进度控制的重点是对施工阶段进行进度控制，主要包括事前、事中、事后进度控制。

（3）会展项目质量控制

会展项目质量控制是指为满足会展项目的质量要求而采取的活动，确定控制对象，规定控制标准，制订具体的控制方法，明确所采用的检验方法，说明实际与标准之间产生差异的原因，为解决差异而采取的行动等。

会展项目质量的形成是伴随着会展项目实施过程而形成的，因此会展项目质量控制的对象就是会展项目的实施过程。质量控制的范围涉及会展项目质量形成全过程的各个环节，任何一个环节没有做好，都会使质量受到损害。

2.4.4　执行方案的评估

所谓会展项目执行方案评估，就是对办展过程中的各个会展项目和相应执行计划进行综合考虑，以判断该会展项目执行方案是否能保证会展按照预期的步骤和目标顺利进行。需要评估的主要内容包括会展的基本框架，资金筹措、招展、招商计划，宣传推广计划，服务供应商选择、人员安排计划，会展进度安排，现场服务与管理计划，展后工作计划等。

对会展项目执行方案进行系统评估，有利于主办单位及时发现问题和协调各方面的行动。具体评估内容和标准见表 2-6。

表 2-6　会展项目执行方案评估的主要内容

执行计划		评估的关键性标准	备注
展览会基本框架	会展名称/主题	定位清晰，主题鲜明	
	会展标志	简明易记，突出主题	
	举办地点	符合产业发展需要，且场地合适	
	举办时间	符合产业特点	
	办展机构	各单位之间能精诚合作，且合作条款具体、清晰	
	会展规模	充分考虑到市场规模	
	办展频率	符合产业特点	
论坛及相关活动安排		和会展交相辉映，且执行计划可行	
资金筹措		能保证会展活动的顺利开展	
招展计划		能达到预期的招展目标	
专业观众组织计划		能达到预期的专业观众组织目标	包括数量和质量两个方面
宣传推广计划		配合招展、招商，并有利于提升会展品牌形象	
服务供应商计划		能满足参展商和专业观众的需要	
人员安排计划		能保证各项工作的正常开展	包括临时招聘人员和志愿者
会展进度控制计划		各阶段工作目标明确、内容环环相扣、措施切实可行	
现场服务与管理计划		各项工作分工明确、责任到人	预先制订危机处理方案
展后工作计划		有利于把下一届会展办得更好	主要工作包括数据库更新和会展总结评估等

本章小结

为了能够通过对会展风险的有效管理使会展项目摆脱会展风险的困扰，并以最小代价降低纯粹会展风险，会展风险管理必须遵循一定的步骤。确定会展风险的目标是一项综合性的工作，需要从会展风险管理的各个环节、各个方面加以考虑，掌握必要的计划工作的方法与技能，是会展风险管理的基本要求。会展市场调研、会展项目立项和可行性分析基本上是交叉进行的，策划人员必须在市场调研和立项策划的基础上撰写详细的会展项目可行性分析报告，这不仅有助于主办方系统地把握一个会展项目，而且对该项目的长期发展大有裨益。衡量会展项目发展战略是否合理的一个简单而有效的准则是：它是否能充分发挥优势，是否能及时抓住机会，是否能很好地克服劣势，是否能有效回避威胁。

在会展项目实施的过程中，由于种种不确定因素的干扰，使得会展项目实施必然会偏离预先设定的计划轨道。为了保证会展项目成功和各项目标的实现，有必要对这种偏离采取必要的、有针对性的措施加以纠正，将跟踪到的会展项目计划执行信息同原计划相比，寻找偏差；仔细分析偏差产生的原因，并对未来发展趋势进行分析；最后采取有针对性的纠偏措施。有效的会展项目控制的关键是定期并及时测量会展项目实际进展情况，同时需要管理者有敏锐的洞察力，善于发现和解决问题。

对会展过程中的各个项目和相应执行计划进行综合考虑，以判断该项目执行方案是否能保证会展按照预期的步骤和目标顺利进行，包括会展的基本框架、资金筹措、招展、招商计划，宣传推广计划，服务供应商选择、人员安排计划，会展进度安排，现场服务与管理计划，展后工作计划等评估，对会展项目执行方案进行系统评估，有利于主办单位及时发现问题和协调各方面的行动。

复习与思考

1. 会展风险管理目标有哪些特点？
2. 会展项目的 SWOT 分析包括哪些内容？
3. 如何撰写一份详尽的会展项目可行性报告？主要包括哪些要素？
4. 什么是会展风险计划？会展风险计划在具体运用时有哪些技术和工具？
5. 试列举工作分解结构图（WBS，Work Breakdown Structure）的具体步骤。
6. 会展项目的控制过程包括哪些内容？主要的控制目标有哪些？

案例分析：北京车展遭遇成长之痛

北京车展如今在展览内容、展览规模、展览档次方面与国外顶级车展差距并不大，但在硬件设施和软件服务方面却同国际顶级车展还有相当大的差距。

6月9日，36℃的高温下第八届北京国际车展在国际展览中心开幕。

"我们从去年4月就开始排队了，申请了300平方米的室内展馆，批下来的时候却成了室外的300平方米。"抹一把脸上的汗水，长城汽车股份有限公司商务部部长商玉贵无奈地对记者说。

一些轿车厂家的日子也不好过，同样为民族品牌的吉利展馆被一分为二，场内场外都有，为了吸引更多的眼球，吉利集团不得不请人穿着笨重的塑料衣服在炎热的天气里走来走去。"我们也是没有办法。"吉利CEO徐刚解释，"新《汽车产业政策》提倡自主研发，鼓励自主品牌，但要拿出具体的措施来。"

与国际展览中心的火爆和拥挤不同，本次车展的商用车主展馆——农展馆则过于冷清：乘坐50辆车展专用车往返于国展和车展之间的观众寥寥无几，为了增加人气，主办方只能放弃使用电子票，参观者可免费入场，但仍未见到成效。

早在开展前，东风、解放、宇通为首的几家一流的商用车生产厂家已经宣布不参加北京车展，即使在参展名录上的厂家，如中大、亚星等10家厂家根本没到现场，这个比例占到将近所有在册的商用车厂家的50%，"宁可花冤枉钱也不丢这个面子"成了这些厂家老总的普遍心态。

（1）面积瓶颈

"展馆面积已经成为本届车展的最大问题。"承办方之一的中国国际展览中心集团公司副总裁陈若薇说，厂家的抱怨连同新闻中心的狭小等都是由此引起的，这与国际化车展的规模很不相称。

据有关人士估算，照现在北京车展的情况，20万平方米的面积才能基本满足需要。但是，这个目标恐怕短期内难以完成。据记者得到的最新消息，由于国家审批制度的进一步严格，此前北京车展承办方宣布的2006年建立新展馆的计划或许搁浅。下一届北京车展很可能还是这样拥挤。

比场馆面积更遭参展商和观众抱怨的，是车展的服务精神的匮乏和管理机制的效率低下。

以新闻中心为例，除了工作间的不起眼之外，它的存在对很多记者的意义就在于去领一个沉甸甸的资料袋。而在真正国际化的日内瓦车展上，展会组织者允许记者在现场免费将收集的资料邮寄回国，每名记者可以邮寄8公斤的资料。

作为北京车展国际化的象征之一：本次车展，有450多名境外记者参展。这些境外记者似乎没有受到什么优待。在国展新闻中心的一位外国女记者，只能操着半生不熟的中文四处找展馆。

遭质疑最多的还是电子门票系统。据组委会透露，估计此次报名参加的媒体记者突破6000人，这个数字来自于对记者证发放的统计。但是，在媒体日当天，很多明显不是记者的人顺利过"关"；而另外一些从外地匆匆赶来、没有提前办证的真正记者却被拦在了门外。

假票问题也让不少观众分外恼火。据不完全统计，展会对公众开放的前3天，北京市公安局公交分局民警已经截获了300多张假票证。这创下了历届车展假票数量之最。

"老实说，我们的免费票证有30%提供给参展厂商，另外，有10%的关系票，你知道，我们总是需要各方面关系支持的。"陈若薇女士如是说。对于假票问题，她的解释是："人民币还有假的呢，这是不可避免的。"

据记者了解，假票的泛滥很大程度上和一度停用电子门票系统有关。由于普通观众日的第一天，电子门票检测系统停用了近3个小时，很多人借此大肆卖假。那么，电子门票系统因何停用？原因很简单，由于入口少，门票检测又需要一定的时间，观众拥堵十分严重，必须进行快速地疏通。

此外，炎热的天气、状况不佳的空调系统、装修后的异味、周边的堵塞交通以及馆内没有任何可以休息的座椅等细节都让人们十分不爽。陈若薇表示，下届北京车展不管能不能易地，但肯定会改时，很可能提前到 5 月举行。

"有些地方，我们很对不起观众，我们也在吸取经验以期改进。"对于扑面而来的批评，她感到有些委屈，"为什么你们记者总是挑毛病，为什么不能纵向比较，和前几届相比，我们已经进步很多了。"

福特（中国）公司副总裁许国祯先生说，北京车展的确越办越好，在国际汽车界的影响也越来越大，但是在国际化方面以及展会的硬件、软件，与国际顶级车展相比，还有差距。

北京车展的承办者之一中汽对外经济技术合作公司的总经理赵海明也承认，北京车展如今在展览内容、展览规模、展览档次方面与国外顶级车展差距并不大，但在硬件设施和软件服务方面却同国际顶级车展有相当大的差距。

"车展发展是否健康，不应以数量多少来衡量，而是看厂商、经销商和观众是否满意。"有业内人士表示，用这个标准衡量，北京车展不仅冲击六大无望，甚至连"健康"都算不上。

（2）收入谜团

虽然离国际化还有差距，但与世界五大车展（东京、法兰克福、巴黎、底特律、日内瓦车展）相比，北京车展因为场地租金高而被誉为"全世界最贵的一块牛排"。即使在与上届相比，降价 11% 的基础上再次下调了 20% 之后，北京车展场地费的价格依然昂贵。

据了解，国外参展商每平方米 260 美元，国内参展商每平方米 1200 元人民币左右。而在底特律车展，这一价格只有 50 美元左右。即使是五大车展中收费最高的东京车展，每平方米也只有 180 美元。

用展馆面积乘上参展费用，就认定一次车展的收入有 2 亿元。但是陈若薇不这么认为，"对中展集团而言，账不能这么算。从 2000 年到今天，中展集团已经为场馆设施投入了 1.5 亿元，另外我们会在场地费上给厂家一些折扣。"

作为本届车展面积最大的参展商，福特副总许国祯先生透露，"福特投入了千万美元。"而来自长安福特一位副总裁的数字是 600 万美元。对于中间的差距是否和折扣有关，有关方面都采取了回避的态度。

据北京国际车展组委会介绍，本届展会有 20 个国家和地区的 1400 余家整车及零部件公司参展，国外参展商占据了 75% 左右的展位。有业内人士认为，展馆的总面积是 11 万平方米，即使扣除相应的折扣等因素，加上门票收入，粗略一算，保守估计，本次车展收入过亿元没有问题。

对于租金问题，中国汽车工业咨询会首席分析师贾新光这样分析，本届车展，国外的厂家受到更多的重视，其中一个很重要的原因是国内厂家的场地费用只有国外厂家的 50%。而赵海明表示，北京车展国际馆的展位费一直高于国内馆，这是个历史的原因，最高时相差 6 倍。

据介绍，有关部门正在考虑逐届调整国际馆和国内馆的展位费标准，使之与国际展会接轨，最终实行同一价位标准。这是世界贸易组织的国民待遇原则之一。

来自国内企业的部分反馈是：对北京车展，他们非常重视，不惜斥巨资。但是，作为国内最高水准的汽车展，理应对中国的汽车企业有一个正确的安排。比如这次车展，民族品牌显然没有希望获得额外照顾，仅仅要求能够提供一小块馆内展地都不能得到。而更让这些厂家担心的是：即使出一样的钱，还是不能得到想要的位置。

厂家的疑虑并非无中生有，因为所有的"生杀"大权都在主办方手里。一个例子或许能很好地说明"垄断"带来的问题。以盒饭销售为例，由于电子门票只能用一次，众多参观的观众只能中午在国展内用餐，用餐环境差不能满足需要不说，观众只有两个选择：一是在烈日炎炎下吃15元的盒饭；一是到展厅内有空调的地方买盒饭，但价格却翻番，涨到了40元。即使这么昂贵，展厅内的销售盒饭数量每天也在一万盒左右。这样，仅展厅内盒饭的销售收入就将近300万元。

贾新光分析，说北京车展混乱也罢，垄断也罢，不过都是利益作为原始驱动力。但包括国外厂商在内的所有参展商都很清楚：他们是为中国庞大的汽车消费市场而来，不是为跟车展组委会怄气而来。他强调，北京国际车展之所以底气十足、牛气烘烘，主要功劳不在于车展本身，而在于中国拥有巨大的市场。目前中国的汽车消费已居全球第三位，生产规模已居全球第四位，这是每个厂商都不愿意放弃展示自己的根本原因。

对于商用车厂商集体撤展，车展组委会似乎不以为然，因为你不来，自然有人来。

（3）利益纠葛

事实上，已经走过14年历程的北京车展利润丰厚已经是不争的事实，但是多头管理已经严重阻碍了北京车展的发展。

贾新光说，本届车展的四个主办方之间关系复杂，是导致效率低下的主要原因，这也直接导致了车展中一些奇怪的现象：商用车厂家本应该排在农展馆，可在国展，仍有四家商用车厂家：法国雷诺、VOLVO、德国MAN和奔驰抢占了正对大门口、位置绝佳的室外场地。

对此，陈若薇解释："这个我们没有办法，这是在车展闹分家之前就答应人家的。我们得兑现承诺。"

去年北京车展的分家事件闹得沸沸扬扬，最后在政府出面的干预下合为一家。但是围绕利益分配，北京车展的四大主承办单位一直在明争暗斗。

北京车展的主办方是中国汽车工业总公司和中国国际贸易促进委员会。1993年，中国汽车工业总公司不再握有行业管理职能，该职能转移到机械部下设的汽车司。1994年，机械部主办了另外一个车展，两个车展的分裂局面一直持续到1997年。从1998年开始，在政府有关部门的协调下，北京车展再次合并。

到了2003年的11月3日，中国机械工业联合会和贸促会汽车分会、中国汽车工程学会召开新闻发布会，以国际展览中心场地不足为由，宣称2004年5月18日到25日在北京经开国际汽车汇展中心办一个车展。

8天后，另外的主承办单位——中国国际展览中心集团和中汽对外经济技术公司也召开新闻发布会，为2004年的北京国际车展作宣传。双方表示车展将在6月如期开展，而且两家都公布了12万平方米场地的方案，并都压低了场地费以吸引厂商。

这样的战争虽然在不久后被政府有关部门叫停，但多年延续下来的利益争夺并不会戛然而止。

被采访的人士普遍认为，北京车展的四个主办方都有这样或那样的政府联系，互相之间又纠缠不断，这种扯不清、理还乱的办展模式远未走向市场化，缺乏规范性，缺乏一个有效的经营机制和企业化运作。会展业是一个大产业，北京车展何时才能真正与国际化接轨，成为真正的国际六大车展之一，让我们拭目以待。

讨论题

1. 如何确定北京车展的风险管理目标？

2. 北京车展的控制过程包括哪些内容？主要的控制目标有哪些？

3. 请用工作分解结构图（WBS，Work Breakdown Structure）对北京车展的工作流程进行分解和工作内容划分。

3 会展风险识别

【学习目标】

学完本章，你应该能够：

1. 理解会展风险识别的概念；

2. 掌握会展风险识别的特点；

3. 了解如何进行会展风险识别和分析；

4. 灵活运用会展风险识别的技术和方法。

【基本概念】

会展风险识别　　会展风险分析

3.1　感知会展风险

3.1.1　会展风险识别概念及作用

会展风险识别就是把会展项目的风险因子要素归类，并分层查找出来。会展风险识别要回答以下问题：会展项目中存在哪些潜在的风险因素？这些风险因素会引起什么风险？这些风险的严重程度如何？简单地说，会展风险识别就是要找出风险之所在和引起风险的主要因素，并对其后果作出定性和定量的估计。风险识别不是一次就可以完成的事，应在会展项目的整个生命周期中定期进行。

风险产生于猜测的结果和现实的偏离。会展风险识别是对会展项目进行风险管理的重要一步，但常被人们忽视，以致夸大或缩小了会展项目中风险的范围、种类和严重程度，从而使对会展风险的评估、分析和处置发生差错，造成不必要的损失。例如，2010 年的世博会引进外资的项目，在可行性研究的财务分析中总是对利率和汇率作出预测（假设），从这些预测中就可以发现利率和汇率发生异常变化的风险。

会展风险识别是制订风险应对计划的依据，是会展计划和控制的重要基础工作，是会展风险分析的基础性工作，也是进行会展风险管理决策的基础。通过会展风险识别了解面临的各种会展风险和致损因素，可以帮助找到最重要的合作伙伴，为以后的管理打下基础；为会展风险分析提供必要有用的信息；有利于树立成功的信心并确定被研究的体系或会展的工作量。通过对会展风险的识别，决策层或管理人员可以对会展风险状况有一个清晰而直观的认识，并可以根据各会展风险的具体情况采取相应的措施来管理风险，趋利避害，变被动为主动。筹备一个大型的会展活动如世博会，可能需要 10 年以上的时间，在这一漫长的筹备过程中一些突发的政治、社会和经济事件都会对其产生重大影响，通过会展风险识别，可以对一些可控的危机事件提前进行针对性的预防，最大限度地防止和降低会展风险损失。

3.1.2　会展风险识别的特点

（1）全员性

会展风险的识别不只是会展经理或个别人的工作，而是会展项目组全体成员参与并共同完成的任务。因为每个会展项目组成员的工作都有风险，每个会展项目组成员都有各自的会展项目经历和会展风险管理经验。例如，举办某会展的组委会办公室需要该会展项目的主办方、承办方、协办方的协调配合、及时沟通，所有的成员都负责分管会展项目 WBS 中的一部分，任何细小的差错均有产生会展风险的可能。

（2）系统性

会展风险无处不在，无时不有，决定了会展风险识别的系统性，即会展项目整个寿命期的任何一个环节均属于风险识别的范围，这是系统理论在会展管理中的具体体现。例如，会展活动从策划、立项、招展到开幕举办，涉及方方面面的人员和事件，对会展项目周期所涉及的所有过程和环节进行较为系统的识别，以确定该项目活动可能面临的全部风险，任何一个环节均不可疏忽，这是一个复杂的系统工程。

（3）动态性

会展风险识别必须贯穿于会展项目全过程。根据会展项目内部条件、外部环境以及会展项目范围的变化情况，适时、定期地进行会展风险识别是非常有必要和重要的。例如，2003年"非典"期间，许多海外客商拒绝参加展会，仅北京的中国国际展览中心集团公司的营业收入比去年同期减少 75%，利润减少 85%。

（4）信息性

信息的全面性、及时性、准确性和动态性决定了会展风险识别工作的质量和结果的可靠性和精确性，会展风险识别具有对信息的依赖性。例如，确定知名参展商的参加可增加展会的吸引力，专业观众的参与率直接影响到参展商的成交率，所以会展专业观众数据库的建立和及时更新显得非常重要。

（5）综合性

会展风险识别是一项综合性较强的工作，除了在人员参与、信息收集和涉及范围等方面具有综合性特点外，需要综合应用各种会展风险识别的技术和工具，如德尔菲法、头脑风暴法、情景分析法、检查表等。

3.1.3　会展风险识别技术和方法

会展风险的识别是一项复杂的工作，需要做大量细致的工作，要对各种可能导致会展风险的因素去伪存真，反复比较；要对各种倾向、趋势进行推测，作出判断；还要对会展项目的各种内外因素及其变量进行评估。因此，会展风险识别工作并非一朝一夕、一蹴而就，而必须通过科学系统的方法来完成。在会展风险识别阶段的主要任务是找出各种潜在的危险并作出对其后果的定性估量，不要求作定量的估计，有些危险很难在短时间内用统计的方法、实验分析的方法或因果关系论证得到证实（如市场需求的变化对会展项目经济效益的影响，同类会展项目对本项目的竞争影响等）。具体识别时主要采用以下方法。

（1）德尔菲法（Delphi Method）

德尔菲法又称专家调查法，是美国著名咨询机构兰德公司于 20 世纪 50 年代初发明的，是一种反馈匿名函询法。它主要依靠专家的直观能力对会展风险进行识别，即通过匿名征求专家意见，逐步归纳、统计，再匿名反馈，再归纳、统计，直至在某种程度上达成一致才停止，故又叫专家意见集中法。其基本步骤为：

① 挑选企业内部、外部的专家组成小组，专家们不会面，彼此互不了解；

② 由会展风险管理人员提出风险问题调查方案，制订专家调查表；

③ 请若干专家阅读有关背景资料和会展项目方案设计资料，并匿名回答有关问题，填写调查表；

④ 会展风险管理人员收集整理专家意见，并把汇总结果反馈给各位专家；

⑤ 请专家进行下一轮咨询填表，直至专家意见趋于集中。

(2) 头脑风暴法（Brain Storming）

头脑风暴法又称集思广益法，是以专家的创造性思维来索取未来信息的一种直观预测和识别方法。此法由美国人奥斯本于 1939 年首创，从 20 世纪 50 年代起就得到了广泛应用。头脑风暴法一般通过营造一个无批评的自由的会议环境，以"宏观智能结构"为基础，通过专家会议，使与会者畅所欲言，充分交流，互相启迪，产生出大量创造性意见的过程。这就要求主持专家会议的人在会议开始时的发言中能激起专家们的思维"灵感"，促使专家们感到急需回答会议提出的问题，通过专家之间的信息交流和相互启发，从而诱发专家们产生"思维共振"，以达到互相补充并产生"组合效应"，获取更多的未来信息，使预测和识别的结果更准确。我国 20 世纪 70 年代末开始引入头脑风暴法，很快就受到有关方面的重视和采用。

头脑风暴法包括收集意见和对意见进行评价，具体过程如下。

① 人员选择　参加头脑风暴会议的人员主要由会展风险分析专家、会展风险管理专家、相关专业领域的专家以及具有较强逻辑思维能力和总结分析能力的主持人组成。参加的人数不要太多，一般为五六个人，多则十来人。在参加人员的选择上，应注意使参加者不感到有什么压力和拘束，如不要有直接领导人参加等。通过主持人的引导、启发有助于调动每位与会者的经验和智慧火花。主持人要善于创造一个和谐开放的会议气氛，鼓励组员积极参与，这要求主持人反应灵敏，具有较高的归纳能力和综合能力。

② 明确会议中心议题　各位专家在会议中应集中讨论的议题主要有：如果开发一个新的会展项目存在哪些风险？通过从国外移植已成熟的知名会展项目方式举办同类会展项目会存在哪些风险？这些会展风险的危害程度如何等。议题可以请两位组员复述，以确保参会者都能正确理解议题的含义。

③ 轮流发言并记录　无条件接纳任何意见而不加以评论。在轮流发言中，任何一个成员都可以先不发表意见而跳过。应尽量用原话记录每条意见，与发言者核对表述是否正确。当每个人都曾经在发言中跳过（暂时想不出意见）时，发言即可终止。

④ 对意见进行评价　组员在轮流发言停止之后，共同评价每一条意见。最后由主持人总结出几条重要结论。

会展风险管理中，头脑风暴法适用于探讨的问题比较单纯，目标比较明确、单一的情况。如果问题牵涉面太广，包含因素太多，那就首先进行分析和分解，然后再采用此法分步进行讨论。对头脑风暴的结论还要进行详细的分析，既不能轻视，也不能盲目接受。一般来说，只要有少数几条意见得到实际应用，已是很有成绩了。有时一条意见就可能带来很大的社会经济效益。即使除原有分析结果外，所有头脑风暴产生的新思想都被证明不适用，那么头脑风暴法作为对原有分析结果的一种讨论和论证，给领导决策也会带来益处。应用头脑风暴法要遵循一个原则,即在发言过程中没有讨论,不进行判断性评论。

(3) 检查表法(Check List)

检查表是会展风险管理中用来记录和整理数据的常用工具。用它进行会展风险识别时,将会展项目可能发生的许多潜在会展风险列于一个表上,供识别人员检查核对,用来判断某项目是否存在表中所列或类似的会展风险。检查表中所列都是历史上类似会展项目曾经发生过的会展风险,是会展风险管理经验的结晶,对会展管理人员具有开阔思路、启发联想、抛砖引玉的作用。一个成熟的公司或组织要掌握丰富的会展风险识别检查表工具。检查表可以包括多种内容,如会展项目成功或失败的原因;会展项目其他方面规划的结果(范围、融资、成本、质量、进度、采购与合同、人力资源与沟通等计划成果);会展产品或服务的说明书;会展项目组成员的技能;会展可用的资源等。

制订检查表的过程如下。

① 对问题有个准确的描述,确保意见统一。

② 确定资料搜集者和资料来源。资料搜集者人员由具体会展项目而定,要有一定的耐心、时间和专业知识以保证资料的真实可靠。资料来源可以是个体样本或总体样本。搜集时间要足够长,以保证搜集的数据能够体现会展风险规律。

③ 设计一个方便实用的检查表。经过系统地搜集资料,并进行初步的整理、分类和分析,就可着手制作检查表。在会展风险管理过程中,为避免出现重复或遗漏,采取工作核对表,每完成一项任务就在核对表上标出记号,表示任务已经完成。

(4) 情景分析法(Scenarios Analysis)

情景分析法是由美国 SIIELL 公司的科研人员于 1972 年提出的。它是通过有关数字、图表和曲线等,对会展项目未来的某个状态或某种情况进行详细的描绘和分析,从而识别引起会展风险的关键因素及其影响程度的一种风险识别方法。

情景分析法可以通过筛选、监测和诊断,给出某些关键因素对于会展风险的影响。筛选即按一定的程序将具有潜在会展风险的产品过程、事件、现象和人员进行分类选择;监测即在会展风险出现后对事件、过程、现象、后果进行观测、记录和分析;诊断即对会展风险及损失的前兆、会展风险后果与各种起因进行评价与判断,找出主要原因并进行仔细检查。情景分析法是一种适用于对可变因素较多的会展风险预测和识别的系统技术,它在假定关键影响因素有可能发生的基础上,构造出多种情景,提出多种未来的可能结果,以便采取适当措施防患于未然。

当一个会展项目持续的时间较长时,往往要考虑各种技术、经济和社会因素的影响,可用情景分析法来预测和识别其关键会展风险因素及其影响程度。情景分析法对以下情况是特别有用的:提醒决策者注意某种措施或政策可能引起的会展风险或危机性的后果;建议需要进行监视的会展风险范围;研究某些关键性因素对未来过程的影响;提醒人们注意某种技术的发展会给人们带来哪些会展风险等。

(5) 故障树法(Falt Trees)

故障树法就是利用图解的形式将大的会展风险分解成各种小的风险,或对各种引起会展风险的原因进行分解,这是会展风险识别的有利工具。该方法是利用树状图将会展风险由粗到细,由大到小,分层排列的方法,这样容易找出所有的会展风险因素,关系明确。与故障树相似的还有概率树、决策树等。

此外，会展风险识别方法还包括流程图分析法（Flow-Chart Method）、财务报表分析法（Financials Statement Method）、保险调查法（The Insurance Approach）、保单对照法（The Insurance Policy-checklist Approach）、现场视察法等，可以根据会展项目的具体情况选择应用以进行会展风险识别。

【案例3-1】 上海世博会的 WT 风险研究

世博会内部脆弱性，即弱点，是指系统特性中本来就具有的、可能被某些目的所利用的系统某些弱点，包括技术方面、组织方面和社会方面的脆弱性。从过程来讲，可能是设计弱点或者实现弱点或者配置弱点等；从原因来讲，可能是技术方面的脆弱性或者管理方面的脆弱性。对于世博会而言，信息平台设计中的内在弱点，或者良好设计但在实现中由于错误而导致的弱点，甚至是系统配置和管理方面而导致的弱点都有可能被外部的威胁所利用。例如，重要的服务器直接暴露在攻击之下，网络配置漏洞，没有有效的用户鉴别和验证手段，系统或应用软件存在后门，或者机房进出没有控制，没有专人负责实施系统加固的工作等，都可能是世博会的弱点。通过分析世博会关键资产、定义脆弱性，提出世博会的脆弱性评估报告，为世博会的建设、应用和维护提供决策支持。

世博会外部威胁，是指借助于某些工具，利用系统脆弱性，得到未授权结果。在威胁分析基础上，建立包括威胁树在内的威胁配置文件。对于世博会而言，它包括人为故意的破坏、意外的损害或者系统故障、其他问题等，如内外人员故意的攻击破坏、无意的损害；硬件、软件、相关系统故障；计算机病毒；断电、缺水甚至自然灾害等。上述威胁都可能造成世博会的资产损失或者破坏，甚至导致世博会的服务中断等。研究中，借鉴其他一些会展项目、一些信息平台开发和应用的实践和参考文献，初步拟订了世博会关键资产及面临的主要威胁。

资料来源：吴忠．上海世博会风险研究．上海企业，2006.7

3.1.4 识别会展风险

无论是会展业的健康发展，还是一次会展活动的成功举办，都是一个复杂而庞大的系统工程，需要各级政府、各行各业、各个方面的精心策划、通力合作与良性互动。若有一个环节出了意外、发生了事故，都会威胁到会展活动的成功举办，甚至造成不良国际影响。因此，这些意外风险若不事先采取有效措施，进行科学识别和防范，将会影响到会展经济的良性发展，影响到当地的现代化与国际化步伐，甚至造成无法弥补的经济损失和政治影响，如世博会中蕴含的会展风险无处不在、无时没有。既可能有展前的展会主题确定风险、展馆规划（展馆选址、资金投入等）风险、展会宣传风险、参展商资格审定风险、信息基础设施建设风险等；也可能有展中的会展管理风险、信息安全风险等；还可能有展后的展馆资源后续利用率风险、跟踪服务水平风险等。如果对这些世博会风险缺乏足够的感知和认识，缺乏风险应对能力，一旦风险突破世博会风险承受额度或者突然爆发其破坏力，都将给世博会造成致命打击。世博会在组织、承办和举办过程中，由于功能服务涵盖的范围涉及经济、政治、文化、社会等方方面面，因此世博会必然更具复杂性，经验性更少，不确定性影响更大。雅典奥运会的风险多达800项，其用于风险管理的预算总共是1550万英镑，足以证明这点。

相对于会展业的发展速度，会展安全问题是全世界会展业都面临的一个问题。但比起国外在风险管理上的成熟，我国会展业的风险管理相当落后。如何对该行业进行会展风险管理、建立一套有效的符合行业特色的保险保障机制，对我国的会展风险管理部门（政府）及会展风险经营部门（保险公司）来说，均是个全新的课题。会展业发展中面临的潜在风险多种多样，主要有以下几个方面。

(1) 设施建设中的风险

一次会展活动的成功举办，需要巨额的前期投入，需要良好的场馆及完善的道路、通信、交通、食宿、仓储、金融等配套设施，如暴雨（冰雹、风雪）、洪水、火灾等自然灾害都可能给会展场馆的安全带来威胁，特别是那些临时性的场地更是如此。在场馆设施建设中，用于展览、会议和大型节事活动的建筑物应安全稳固，不出现倒塌或坍塌现象；建筑物上的外墙玻璃不脱落；场馆的地面有足够的承载能力；场馆内能满足人流数量的要求，有足够的紧急通道；等。由于各种自然灾害和意外事故的客观存在，必将带来各种物质损失、工程延期、费用损失、公众责任、施工人员意外伤害等风险。

(2) 设施运营与维护过程中的风险

会展业的风险管理具有"牵一发而动全身"的特征，设备设施的安全和风险管理对象主要包括供水、供电、空调、电梯、桌椅、音响、通信设施、临时搭建舞台、演示设备、装饰物品等。一次会展活动就必须考虑多种截然不同性质行业的风险防范与规避问题，可能面临各种物质财产损失、人员意外伤害、公众责任、雇主责任、策展人责任、会展取消损失、营业中断利润损失、人为破坏等风险。

【案例 3-2】 自然威胁带来的悲惨教训

在法国斯特拉斯堡的一场音乐节上，一阵暴雨将一棵树吹倒，压在了临时躲雨的人群身上，造成了 11 人死亡，80 多人受伤。全世界媒体几乎都报道了这场悲剧。也许有人会说，不是每个人都倒霉地总是碰上这种事。但选择一个风和日丽的时候举办活动，对参与其中的人来说是件愉快的事情。特别是当有大型室外展示的时候，请教一下当地的气象部门，弄清楚在特定时间内是否会出现影响活动正常进行的恶劣天气，其实这非常简单——只要花费几分钟就可以了解所有的信息。

资料来源：王春雷，陈震．展览会策划与管理．中国旅游出版社，2006.1

(3) 会展举办期间面临的风险

会议、展览、大型节庆活动（MICE）的最大特点是人流量多，人群密度大，受关注程度高。从某种程度上说，这是衡量活动成功的重要标志。然而也正是由于这些特点，自它诞生以来就不可避免地会使人关注到活动的安全问题，各种突发事件，如流行性疾病、自然灾害、人为破坏、突发性的伤亡事故等随时都可能发生，这些突发事件不仅仅会导致会展的延期或夭折，更重要的是它将带来不可预见的极其严重的后果，造成轰动的社会影响。任何一次规模较大的会展活动，其中直接与间接涉及的行业活动（比如广告、工程、运输、餐饮等）可能不止几个、几十个，而任何一个环节的行业运作职能出现意外风险都会导致整体活动受阻。随着展览会的增多，展览安全问题也日益突出，展览旺季来临，如何规避展览风险是组展商和参展商都必须面对的问题，而构建会展风险管理体系则更是整个行业所要面对的一个新课题，除以上列举的会展风险外，还存在参展物资运输及其仓储中的各种风险，展品安全风险，展品责任风险，食品、饮料安全风险，商品交易信用风险，投资信用风险，恐怖活动与劫持等风险。

(4) 会展环境安全风险

展会是一个汇集人流的公共平台，目前，很多展会不仅向专业人士开放，而且向非专业人士开放，入场观众只需填写表格或递交名片就可以进入，这就很难控制入场人员，可能给一些不法之徒以可乘之机。目前针对展览会的偷盗活动呈现出集团化、专业化趋势，手段之高往往令常人难以识破。一些盗窃团伙往往得手后就将偷来的物品迅速转移，奢侈品的展览更会吸引一些国际盗窃团伙，一些普通展会的展品被盗也非常普遍。还有一些不法分子专门趁着人多偷取展厅内人员的钱物。展览会上人流量大，一旦被盗很难查找。故展览环境欠佳可能造成人员伤害、经济损失风险；治安欠佳、环境污染等可能导致社会环境安全风险、物品损失风险。

【案例3-3】 爱知世博会的共同保险方式

从20世纪70年代至今，日本共举办过5次世界博览会，其中最近的一次是在名古屋爱知县举办的主题为"自然的智慧"的世博会，这次世博会约有1000万人参观，产生经济效益约1.2万亿日元。爱知世博会是采用共同保险的方式来运作的，即爱知世博会通过公开招募、审查、选定16家保险公司组成世博会保险共同体来共同承担世博会保险。

从风险的角度看，世博会的风险主要有人身风险、财产风险、动产风险、责任风险。对应的有游客的意外伤害险、世博会场建设过程中的建工险、安工险和责任险等。日本世博会保险的主要险种如下。

(1) 建筑工程险和安装工程险。建工险和安工险主要由施工单位和参展单位投保，承保施工期内世博会场内部装修、附属设备、建设中的建筑物及建材的风险。具体的建工险和安工险因工程种类、工程时间的不同而有所不同。一般而言，建工险和安工险的赔付额较高。

(2) 财产险。世博会中财产险的承保标的比较广泛，包括世博会场的建筑物、内部装修工程、附属设备、会场陈列的器具、商品和其他动产。世博财产险的承保期间因标的不同而有所不同，但总体而言，财产险保费收入占世博会保险保费收入的20%左右。

(3) 动产综合险。世博会中的动产综合险承保的是会场中的各种展品及价值较高的各种美术品，它们容易在接收、装卸、展出过程中损坏。例如，1970年在大阪世博会中，中国香港展馆的宝石被盗，导致4500万日元损失。

(4) 综合赔偿责任险。世博会的综合赔偿责任险由四部分组成，分别是建筑工程和安装工程的相关赔偿责任险、公众责任险、产品赔偿责任险和拆卸作业中的赔偿责任险。这种综合赔偿责任险有两大优势：一方面，承保的责任风险期间较长，从会场的施工期开始直至会场拆卸时期；另一方面，承保的责任险范围广，从公众责任、产品责任到建工责任，有利于投保人对各种责任风险的统筹管理。

资料来源：叶明华.日本世博会保险的运作及对我国的借鉴.金融与保险，2006.4

3.2 分析会展风险

3.2.1 会展风险分析的概念

在会展项目生命周期的过程中，会出现各种不确定性，这些不确定性将对会展项目目标的实现产生积极或消极的影响。会展风险分析就是对将会出现的各种不确定性及其可能造成的各种影响和影响程度进行恰如其分的分析和评估。通过会展风险分析，使会展项目决策更加科学，在比较充分地了解会展风险的前提下，主动及时作出安排，尽量减少或避免会展风险损失。会展风险分析的结果还可以为不可预见费的确定提供依据。

会展风险识别的结果包括如下内容。

① 已识别的会展风险：已识别的会展风险是会展风险识别最重要的结果，通过定性的会展风险清单来表示，该清单对会展风险的描述应该尽量简单、容易理解。

② 潜在的会展风险：潜在的会展风险是没有迹象表明会发生的风险，但是人们可以主观判断预见的风险，如知名企业临时不参加展览会而使展会的吸引力降低。会展项目团队应该根据风险来源进行适当分类并以表格或文字作清楚的描述，编制出潜在会展风险一览表，为会展风险管理的后续工作打好基础。

③ 对会展项目其他方面的改进：在会展风险识别的过程中，可能发现会展管理其他方面存在的问题，需要进行改进和完善。

3.2.2 会展风险分析

比照国际会展业发展经验，中国会展业风险保障体系的建立应着重从两方面展开。从宏观层面上看，会展业的宏观管理制度与组织架构方面亟须完善。当前应尽快改变我国对会展业的管理政出多门，缺乏统一、强有力的规划与领导现状，在全国范围内建立起统一与权威的国家会展业管理机构，并形成影响力比较大的会展行业协会，在整个行业的发展规划、秩序协调、风险管理与安全保障等方面履行最终管理人的角色。而在微观运营层面上，则要注重强化会展商业保险保障功能，这有赖于国内保险机构从更多角度、更深层次介入到会展业经营当中。具体分析如下。

3.2.2.1 宏观层面

（1）政治风险

政治风险主要是指战争、内乱和政权更迭等。会展业是一个敏感性行业，会展活动是人流、物流和资金流高度密集的活动，对外界的环境安全要求非常高，在战乱频繁、政权更迭的国家，不可能有长期、稳定的会展活动，在中国稳定的政局下"广交会"就已经成功地举办了100届。政治风险具有一定的特殊性，一旦发生往往无法挽回，且后果严重，战争、内乱和政权更迭等从根本上破坏了会展活动的外部环境，而且不同的政权对会展产业的态度通常是不同的。

（2）经济风险

从会展业发展的历史和布局可以看出，一个国家的整体经济环境对会展业的影响巨大，产业和市场是会展业发展的两大基石。只有经济快速发展，产业体系完备，物质产品极大丰富，人均收入显著提高，才能带动会展业的发展，推动消费市场的繁荣。如经济发展程度、产业利润率的高低、市场规模的大小、产业进出口状况、产业结构状况、展会举办地的餐饮交通等配套设施的完备程度等从侧面影响着企业参展和观众到会参加的意愿。经济衰退、通货膨胀、利率变化等都可能增加会展活动的风险。

（3）市场风险

与其他行业不同，会展业的发展涉及展会的产品所在行业的发展状况。对会展市场不熟悉，或其他一些不可控的市场因素，都可能带来风险。因此，会展业必须关注行业的市场动态，加强和各行业部门的横向联系，及时调整会展主题策划，注重采用市场化运作，力求降低展会的运营风险。

【案例3-4】 赚了人心又赚钱

秦始皇兵马俑文物珍品展在南京博物院圆满落下了帷幕。这次展览的主办方积极引入风险机制，一方面寻求企业认购价值20万元左右的公益票；另一方面，南京博物院陈列部职工集资 15 万元，展览最终取得了社会效益与经济效益的双赢。6 月 4 日—7 月 30 日，秦始皇兵马俑珍品展巡回展至南京。主办方向记者透露，这次展览总收入近 100 万元，除去文物租借、保险、宣传等费用，还有 30 多万元盈余，并且在近两个月的展览期内，观众达 12 万人次，出现了博物馆多年未见的排队看展的盛况。南京站的展出堪称是这次巡展开始以来市场化运作最成熟的一站，南京博物院和北京旭日和煦展览有限责任公司各出资 30 万元拿下展览，没花政府一分钱。组委会通过媒体刊登消息，号召南京的优秀企业家认购 20 万张免费参观券（1 元/张），短短 10 天内被认购一空，并有效地发送给中小学生、部队和弱势群体。作为对这一举措的回报，企业获得在门票上印刷广告的权利。按以往的概率，10% 的学生会有一个家长陪同，家长买票又会有 30 万元左右的收入。让孩子带动一大批潜在的展览参观者，这不乏是一个全新的商业运作理念。

秦始皇兵马俑全国巡回展组委会对外宣传联络部部长杨胜利告诉记者，这次在全国 20 个城市巡回展览，展出秦始皇兵马俑坑和秦始皇陵出土文物精品共 85 件（组），巡展下来估计所需经费高达 1400 万～1600 万元。展览过程中开始引入市场运作的风险概念，展览手段已完全市场化，由民营文化公司"北京旭日和煦展览有限责任公司"负责全程操作、策划、营销，秦俑博物馆负责文物运输和保护，当地博物馆负责布展和展览的安全。符合市场规律的运作，使巡展走出了"赔了银子赚来吆喝"的困局，既赚了人心又赚钱。2002 年以来，巡展已走过全国 13 个城市，行程超过 10 万公里，参观人数至少已有 300 万人次。南京博物院院长徐湖平说："这次展览最大的特点就是改变了以往由政府拨款的惯例，一来号召企业认购公益票，二来由南京博物院陈列部的职工集资 15 万元，这在国内文博界还属首创。通过这一形式，让展览举办者共享投资风险或获利，使每位职工充分感受到风险压力，从而调动了他们的工作积极性。我们将从这次展览的利润里拿出一部分回报给集资者。实践证明，这是一个在文博界改革的成功尝试。"

（4）政策风险

由于举办会展涉及的行业和社会面非常广，政府作为行政法规的制定者和监督者，管理的重点应该放在政策性和宏观上的一些重大事项上，如举办展会对《中华人民共和国广告法》和《中华人民共和国专利法》等法律的严格遵守；各种会议、展览、节事活动只有通过政府行政机构的评估，并获得执照和许可证之后方可举办；展会活动的举办必须得到公安、消防、交通、卫生健康等众多部门的许可；政府相关部门在活动期间将到现场检查活动情况，在发现问题时及时处理，如在现场提供警察维持现场秩序和紧急突发事件处理，当紧急突发事件发生时，能及时安排消防、医疗进行急救；此外，政府还对事故发生后的责任追究有决断权，能给予相关的组织和个人以法律和行政上的处罚。

【案例 3-5】　相关政策不健全带来血的教训

2004 年 2 月 5 日，北京市密云县元宵节灯会踩踏事件造成重大人员伤亡，直接造成 37 人死亡、37 人受伤。这起事件的发生引起了国内社会各界的高度重视，从而将会展安全问题提上了法律的高度。2005 年 9 月 9 日由北京市人民代表大会常务委员会通过了《北京市大型社会活动安全管理条例》，该条例可以说是用血的教训换来的。

其实，这种血的教训在国外大型活动中也屡见不鲜。仅在 2006 年 2 月 4 日这一天，全球就发生了两起特大伤亡事故：2006 年 2 月 4 日，巴西最大城市圣保罗因来自墨西哥的

"反叛者"音乐组合签名活动，发生踩踏事件，结果造成至少 3 人死亡，33 人受伤，其中多人伤势严重；2006 年 2 月 4 日，菲律宾首都马尼拉一体育馆外发生严重踩踏事故，造成 88 人死亡，342 人受伤。

资料来源：张以琼．MICE 风险管理之主客体分析．中国会展．2006，5（10）

3.2.2.2 微观层面

(1) 会展场馆（中心）

大型会展活动举办场地的风险主要来自于展览馆、会议室、室外展区、周边环境的设计和规划。会展场馆（中心）要对场馆的建筑物、周围环境和所提供的设备设施的安全负责。具体来说包括：保证会展场馆的设计和建设的安全性，不发生相应的建筑物安全事故；维护活动区域的治安，采用足够和适当的设施来监控偷盗和抢劫事件；检查并保证消防系统的正常运作，监控整个活动现场，防止火灾的发生；进行相关的安全检查，防止恐怖袭击和意外事故的发生；监视和控制人流情况，及时引导和疏散人群；保养和维护会展设备，如电梯、音响、供电、空调、影像、通信以及保安设备，保证它们需要时能正常工作；监控会展场馆里出现的易燃、易爆、有毒、有害物品，并及时处理，以防意外发生；及时打扫清运垃圾，并进行场馆消毒，以保证现场的卫生健康安全。

【案例 3-6】 展馆投资风险如何规避

目前，一些地方的场馆设计规模动辄几十万平方米。同时，国内一些新建成的大型展馆使用率不高，远没有达到预期的经营目标，经济效益较差。实际上，这是脱离当地实际需要，展馆建设规模过大的必然结果。展馆是否要建，要建多大规模，完全取决于当地的经济实力、经济发展的需要和是否具备会展资源优势。在我国目前的经济发展阶段，各地盲目上马大型的会展场馆，场馆投资缺乏准确的市场调研和规模定位，有悖于市场经济发展规律。此外，大部分场馆建设被当成当地的标志性景观，片面追求外表高大、装修豪华，但缺乏相应的会展配套设施，如空调设备差、卫生设施落后等结果华而不实、大而不当、贵而不惠。

从世界展览馆建设的情况看，欧洲与美国展馆建筑风格虽然不同，但都体现了经济实用的原则。如德国慕尼黑展览中心的外观朴实，就像一排排厂房或仓库，展馆内也没有大理石的墙和花岗岩的地面，但满足参展商和观众需要的设施一应俱全。展馆首先作为功能型建筑有其自身的科学性，要符合展览的特点，多从参展商和观众实用的角度出发，尽可能地提供各种设施和服务。比如国际通行标准是 140 米长，70 米宽，观众在这样的一个空间里能够将每个展馆的角落尽收眼底又不易疲劳和不会丢失方向感，体现了以人为本的原则；两个展馆之间距离定在 38 米，正好是集装箱卡车掉头的最小宽度，体现了节约土地的经济实用原则。

资料来源：王云龙．我国展馆投资风险的成因与规避分析．思想战线，2004.5

(2) 会展活动的主办方和承办方

会展组织者主要承担活动经营管理和现场组织方面的风险责任，具体表现在：对可能发生的自然灾害和人为破坏进行预测，并做好应对方案；做好活动资金运作管理，防止出现资金不足而导致活动无法举办的会展风险；对活动参加的人数预估，并评估由此可能带来的会展风险，做好紧急突发事件的处理；加强对参展企业的知识产权保护，防范知识产权被侵；监督临时舞台、看台以及参展商展台搭建，防止出现临时搭建物发生坍塌事故，展会组织者同时有责任督促特装参展商办理临时搭建许可证书；利用计算机信息技术管理的组织者还要防止信息管理风险，以防网络服务器被攻击，信息资料被盗窃；对进出活动现场的证件进行管理，防止不法之徒持假造证件，蒙混进入场馆所带来的安全隐患；当有意外事故发生时，组织人员疏散，减少人员伤害和财产损失；重点加强参加活动的高级政府官员和嘉宾的安全保护，做好安全预案，确保万无一失。

办展机构各单位之间以及主办单位与代理商、服务商等之间的合作事宜都应该以合同的方式签订，而且条款应细致具体，以免在合作后产生矛盾和分歧时缺乏评判依据。如果办展机构举债筹措办展资金，由于办展机构息税前资金利润率和借入资金利息率之间存在很大的不确定性，而且提前投入的资金能否按期如数收回也具有一定的会展风险，办展机构可以通过维持一个合理的资金结构或慎重选择会展投资项目等措施来进行规避和降低该风险。

（3）参展商

参展商在作出参展决策、确定展出目标、选择会展项目、制作参展方案、组建参展团队、展期现场等环节，都会涉及风险，如参展目标单一而忽略会展的其他功能、策划时没有备选方案而在情况变化时无所适从、财务管理预算过紧而"缺粮少兵"、轻信组展公司而被"骗展"、会展宣传创意缺乏专题而失去观众、展位设计一味追求艺术性而缺乏文化内涵、展品运输匆忙或以致开展时仍未运达、现场展期工作不周而失去大客户和新客户、展后跟踪的时间太迟而被竞争对手抢先等。

参展商应考虑参展需求是否和营销需求相吻合以确定参展目标，包括进行品牌宣传效益等；选择会展项目要进行可行性分析，并非参展规模越大越好，要落实好细节；避免轻信组展公司的吹嘘而错选，参加了"垃圾会展"；制作参展方案时要策划全面、重点突出、忙而有序，避免出现缺乏沟通、职责错位而漏洞百出；提前进行展前培训，组建精干的参展团队；展台设计要兼顾贸易与宣传的关系，侧重功能性并能充分表达主题，传达信息，给参展者以亲切感；展品运输及时，包装合理，单证齐全，标记明确，防止漏装和遗失；参展期间展台资料齐全，热情接待新老客户，注意邀约重要客户；展会结束后要及时进行展后跟踪和评估总结等。

【案例3-7】 展览民企崩盘的风险警示

谁也没有料到：拥有多项知名展会的广东科创展览有限公司，会在短短几天内迅速崩盘。科创展览曾以"民营"身份夺得第39届世界广告大会核心展——中国国际广告展的承办权而名噪一时。但9月6日老总汪强亲自带队布展时，却因发生意外而去世，使得10多个经营多年的展会不得不面临寻觅下家的尴尬场面。据记者了解，在广东展览业，展览的承办方有90%以上都是民营企业。而本次出事方来自业内资深民营企业，展览风险问题再一次受到组展商和参展商的关注。

部分参展商仍未解决赔偿事宜，"公司倒闭了，业务员都推说没有钱，电力协会又声明和科创展览没有任何经济关系，我们也不知道该怎么办好。"来自佛山珠江电器的李主任对记者说。七届电展是因展览时间提前举行并更换了举办地点而受到质疑的。部分参展商认为损害到自己的利益而提出退款，但在处理过程中遇到公司倒闭事件，所以一直拖到10月中旬也未能从有关单位得到满意答复。记者没有找到相关人员确认这个展会是否因出现意外而提前举行，但据记者了解，主办方没有为七届电展购买任何保险。"为什么碰到这种事情，受损失的首先都是参展商？"在采访过程中，记者不时听到这样的质问。如何保障参展商的权益，把参展风险降到最低？这是此次遭受损失的参展商都在思考的问题。近年来，"骗展"、"闹展"、"罢展"事件频频发生，在展览业引起较大震动。对于曾经是广东业界一块金字招牌的科创展览都显得如此脆弱，珠江电器的李主任甚至表示"对整个展览业完全失去了信心"。

资料来源：中国经营报，2004.10.24

（4）为会展活动提供服务的企业

提供服务的企业主要包括餐饮供应商、物流服务商、展台或舞台搭建商、广告承包商、报关代理商、物品（如桌、椅、台等）租赁商、文艺演出队等，他们分别在各自的服务范围内控制相应风险，如餐饮供应商必须控制饮食的卫生，防止食物中毒；物流服务商要保证物流畅运，搬运时不出现物品损坏，或人员砸伤，如此种种，毋庸复赘。

这里需要特别提到一个为活动提供服务的企业——保险公司。之所以特别是因为它所提供的服务是为活动组织者提供风险分担，保险公司的介入为事后风险的转嫁提供保障。相对于火爆的会展市场，保险保障作用尚未得到充分发挥已是不争的事实。相比之下，国际上一些成熟的会展市场，如法兰克福、多特蒙德等城市，展会主办者的风险管理意识明显较强，懂得怎样通过保险，转移财物损失、责任赔付及经营损失等各类风险。因此，如何在会展业建立健全风险保障体系已经成为我们不得不去面对的严峻现实。如世博会从筹划、建设、会展到撤展的全过程都会面临各种不同的风险，纵观历次世博会，都有因意外事故导致一定程度的经济损失和无形损失。例如，1970年的日本大阪世博会上，在比利时展馆前的自动人行道上发生参观者摔倒，并由此导致28人负伤。面对各种可能出现的人身风险、财产风险和责任风险，在我国世博会中引入保险机制迫切而必需。

【案例3-8】　展览业不可回避风险保障话题

国内并不是完全没有能力开发会展专业险种，在某些险种上只需将市场进一步细化就可解决。国内一些保险公司几年前就已推出的部分财产保险条款及公众责任条款等产品的保障范围，已经涵盖了展览业经营中部分风险转移需要。比如就展品及附属设施可以投保涵盖火灾、爆炸及其他意外损害的财产保险，可以为参展人员及其财物投保相关的公众责任险等。有些会展活动事项则必须与保险公司进行特别协商，通过附加特别险形式投保。客户也可将其会展所需的相关保障活动一揽子与保险公司协商，寻求专门为客户定做适宜的保险服务。由于任何一次规模较大的会展活动，其中直接与间接涉及的行业活动（比如广告、工程、运输、餐饮等）可能不止几个、几十个，而任何一个环节的行业运作职能出现意外风险则会导致整体活动受阻，从一定意义上来说，一次会展活动就必须考虑多种截然不同性质行业的风险防范与规避问题。如果没有现代保险业参与其中，不但不可想象，而且承受的压力也非常大，万一发生风险，后果将不堪设想。因此从这一角度说，当前尽快建立健全中国展览业的风险保障体系具有非常重要的意义。

（5）参与会展活动的群众

会展现场服务和管理出现重大失误，如发生火灾、打架斗殴、集体食物中毒或参展商"闹展"等现象时，参与会展活动的群众往往处在被伤害的地位，因此是被保护的对象。比如会展组织者应该在最初的策划或现场服务中，将所有可能造成火灾威胁的注意事项、紧急逃散方式以及在发生灾害事故时的急救措施告知每一位与会者。安全与风险管理的目的是避免参与会展活动的群众受到伤害，但实际上，他们自己可以对风险进行把握和控制。

本章小结

　　会展风险识别就是把会展项目的风险因子要素归类，并分层查找出来，它具有全员性、系统性、动态性、信息性、综合性的特点。会展业发展中面临的潜在风险多种多样，主要从设施建设过程、设施运营与维护过程、会展举办期间、会展环境安全等方面感知风险，并具体地从宏观（政治风险、经济风险、市场风险、政策风险）和微观［会展场馆（中心）、会展活动的主办方和承办方、参展商、为会展活动提供服务的企业、参与会展活动的群众］两个层面分析会展风险。在会展项目生命周期的过程中，会出现各种不确定性，这些不确定性将对会展项目目标的实现产生积极或消极的影响。会展风险分析就是对将会出现的各种不确定性及其可能造成的各种影响和影响程度进行恰如其分的分析和评估。通过会展风险分析，使会展项目决策更加科学，在比较充分地了解会展风险的前提下，主动及时作出安排，尽量减少或避免会展风险损失。会展风险分析的结果还可以为不可预见费的确定提供依据。

复习与思考

　　1. 会展风险识别的特点是什么？

　　2. 会展风险识别技术和方法主要包括哪些？

　　3. 作为一个会展企业，主要从哪些方面感知会展风险？

　　4. 组织学生通过网络和实地调研等方式，收集某会展的相关资料，分析其可能存在的会展风险？并提出相应的防范建议。

　　5. 现有某项大型专业展会拟在当地会展中心的一号场馆举办，一号场馆约有 1.5 万平方米，预计首日现场可能达到 4.5 万人。请讨论可能出现的突发事件或会展风险问题，并制订相关的会展风险预警方案。

案例分析： 浙江会展业"非典"危机之中觅生机

　　中国会展经济是在经济全球化进程中出现的一个新的经济增长点。来自不同国家、地区的各种经济实体等，通过会议和展览实现商品、技术和信息交流，从而带动商贸、旅游、交通运输、信息服务等多种产业的发展，它对国家和地区的经济增长产生巨大的拉动作用。而"非典型肺炎（SARS）"在中国及世界二十余个国家和地区的肆虐，打乱了会展业运转程序的链条，无疑对蓬勃发展中的中国会展经济产生一定的冲击，使得已进入整合阶段的中国会展经济受到一定程度的影响。它在给浙江会展经济带来重大损失的同时，也给浙江的会展业提出了课题——该如何应对危机？浙江省对外贸易服务中心专家提供了他们对杭、宁、温及义乌的专业行业协会进行的调查报告。

　　（1）黄金季节遇寒流，直接损失近亿元

　　通过问卷调查和摸底，发现"非典"对正在加速发展中的浙江会展经济与会展产业产生冲击，其负面影响不可低估。

　　通常每年的四、五、六月份是会展业的黄金季节。受"非典"影响，杭州今年原定的5

月 15 日开展的第二届国际汽车展、全国旅交会等 10 个会展后延或取消。原计划于 4 月 24 日在宁波亚细亚展览中心举办的"第二届中国（宁波）旅游商品展览会"被停办；延期展会有时尚五月展、宁波徐霞客开游节等十几个展览活动，以上造成的直接经济损失达上千万元。温州已筹备一年多的第三届（温州）国际鞋类皮革制品贸易展览会等 5 个大型展会全部停办或延期。影响最大的是 17 个国际性项目，原计划邀请国外来宾、团队或向国际招展，因邀请和招商困难，正在调整计划或取消计划。

从举办商来看，各类展会的停办或延期，原投入资金及招展招商工作的付之东流，使展会组织者、场馆经营者蒙受巨大损失。浙江远大国际会展有限公司原计划出展的中东汽摩配（迪拜）展、日本东京国际家居展等 10 个展览被取消；加上展位数急剧下降的德国杜塞尔多夫展、美国拉斯维加斯时装展等 8 个展览会，直接受损近 200 个展位。杭州"博鳌西湖国际茶文化节"、"2003 杭州天堂酒会"和全国旅交会旅游汽车展的取消，承办运作单位损失超过 100 万元。浙江世贸中心与和平国际会展中心两家企业目前营销工作已停顿，由此造成的直接损失（协议展位费）累计达到 1043.4 万元。浙江展览馆停办 10 个展览损失 120 万元。温州原定在 5 月举行的 9 个展览会，各展览公司前期已投入资金 1427.2 万元，被停办或延期后造成直接损失 1049.5 万元。

从参展企业来看，各类展会的停办或延期，对企业实现市场销售目标产生了很大影响，其直接和间接损失更是难以估量。温州各地因展会的延期和停办，致使展示设备企业的销售额直线下降，预订的合同取消，仓库内展览物资无法运出，其损失达 300 万元。

据不完全统计，全省出国展受影响近 1500 个标准摊位，直接经济损失达 1000 多万元；国内展览直接受损近 8000 多万元。两项合计受损近 1 亿元人民币；从拉动经济看，达 9 亿~10 亿人民币。

（2）危机之中觅生机，重整旗鼓正当时

面对突如其来的"非典"冲击，浙江会展业遭受重创的持续影响已不可避免。但随着"非典"疫情的逐步控制，会展业正进入重整旗鼓、蓄势待发的阶段。

浙江会展业在休整期间没有坐以待毙，而是深入了解掌握国内外会展业发展动态，改进营销手段；利用停展、延展期空档积极实施员工业务培训计划，努力提高从业人员的业务素质和抵御突发事件的能力。如浙江远大国际会展有限公司通过专家授课、实例分析和集体讨论，使员工在更高层次上获得新一轮充电的机会。

鉴于"非典"疫情的特殊性，限制人员双向流动的防疫措施将在一定时期内持续。为做好新一轮招展、招商工作，应加快向网络与电子商务平台的转变。目前中国小商品城会展中心正在为参展商在网上搭建虚拟平台；如 2003 年 10 月份的义博会不能如期举办，拟以"在线义博会"的形式开展网交会。

"非典"导致主办商和参展企业两败俱伤。一方面，对参展企业要加强引导，认真做好停办或延期展会的后续工作，向参展企业做好说明解释工作；另一方面，为避免突发事故尤其是一些不可抗力因素带来的损失，部分展览活动可考虑通过保险的方法来规避风险。

经济学家分析，"非典"对中国会展经济的影响将主要体现在三方面。

首先，对国家和城市会展经济的影响。国际著名经济期刊《远东经济评论》预测，"非典"将给亚洲地区的经济造成 106 亿美元的损失。会展活动是一种群体活动，通过人流带动信息流、物资流、资金流。出于安全的考虑，避免人群大面积流动而造成"非典"疫情蔓延，世界各国政府和专门机构采取各种措施，限制本国居民去疫区旅行和参加各种公务或私人活动，中国政府更是严格控制各类大型公共活动的举行，这样必将直接影响会展活动。此外，为会展提供服务的相关餐饮住宿、交通运输、旅游服务等行业的短期效益下滑也在所难免。

其次，对举办商的影响。各类展会的延期或提前结束，观众人数锐减，对展会组织者、场馆经营者造成了明显的损失。比如，原定 4 月 27 日闭幕的上海国际车展已于 24 日提前结束，该展会是迄今为止中国最大的国际车展，来自 23 个国家和地区的 700 余家厂商参加了本次车展，而受"非典"影响，参展观众与预计的人数相差悬殊，仅门票收入损失就达上百万元。

最后，对参展企业的影响。会展是企业市场营销的主要工具之一，企业参展的目的是传播商业信息，销售产品和扩大市场占有率，会展产品具有不可储存性，多数企业都是有计划地参加相关会展，一般来讲，对各类展会举办都有一定的经济指标需要完成，因为"非典"导致会展延期虽然是一种实难预料的市场风险，但是对企业实现市场销售目标必然产生不小的影响。

试想，如果会展业早已引入了充分的会展风险管理机制，当面临突如其来的不利状况时，就不会显得如此被动。各行业、各企业的经营不可避免地伴随着风险，只有对各种风险加以良好的管理和控制，才能确保稳健地经营和发展，会展业也不例外。如 2003 年 10 月份的义博会不能如期举办，拟以"在线义博会"的形式开展网交会，也是通过识别会展风险而尽量降低风险的弥补方法之一。

中国政府和业界趋利避害，冷静面对，将损失降到最低，迎接会展经济新的曙光。"非典"在短期内得到有效控制，没有大规模扩散和爆发，会展业将同其他第三产业一样在一定时期内波动，但变化不大，在一定时间段作调整后回升，继续以原有速度发展。会展业属于第三产业，服务性产业的特征之一是对抗外部风险的脆弱性。如果"非典"在一个时期存在，会展场馆就会空置，会展业人才闲置，会展的信息交流、宣传传播功能无法实现，这对整个会展经济的影响是比较严重的。在中国政府的高度重视下，同时又有国际社会的通力合作和现代先进医疗技术的帮助，使"非典"的负面影响在一定时期内得到了有效控制。会展经济再现良好发展态势。

讨论题

1. 针对"非典"疫情的突发性和特殊性，浙江会展业采取了什么样的应对策略？

2. 作为一名会展专业人员，该案例给你哪些启示？

3. 如果你是会展公司的一位高层决策者，你认为该如何规避会展项目的突发性风险以降低损失？

4 会展风险衡量

【学习目标】

学完本章，你应该能够：

1. 了解会展风险估计的方法；

2. 掌握会展风险预警管理系统的构件目标；

3. 熟悉会展风险衡量的具体内容。

【基本概念】

会展风险量　会展等风险量曲线　会展风险衡量　会展风险预警管理

4.1　会展风险估计

会展风险量是指各种会展风险的量化结果，其数值大小取决于各种会展风险的发生概率及其潜在损失。与会展风险量有关的另一个概念是会展等风险量曲线，就是由会展风险量相同的会展风险事件所形成的曲线，不同等风险量曲线所表示的会展风险量大小与其与会展风险坐标原点的距离成正比，即距原点越近，会展风险量越小；反之，则会展风险量越大。

衡量会展风险概率的相对比较法表示如下：

① "几乎是 0"：这种会展风险事件可认为不会发生；

② "很小的"：这种会展风险事件虽有可能发生，但现在没有发生并且将来发生的可能性也不大；

③ "中等的"：即这种会展风险事件偶尔会发生，并且能预期将来有时会发生；

④ "一定的"：即这种会展风险事件一直在有规律地发生，并且能够预期未来也是有规律地发生。在这种情况下，可以认为会展风险事件发生的概率较大。

会展风险估计常采用两种方法估价每种会展风险。一种是估计会展风险发生的可能性或概率；另一种是估计如果会展风险发生时所产生的后果：一般来讲，会展风险管理者要与会展项目策划人员、技术人员及其他管理人员一起执行四种会展风险活动。

① 建立一个标准（尺度），以反映会展风险发生的可能性；

② 描述会展风险的后果；

③ 估计会展风险对会展项目和产品的影响；

④ 确定会展风险的精确度，以免产生误解。

另外，要对每个会展风险的表现、范围、时间作出尽量准确的判断。对不同类型的会展风险采取不同的分析办法。

（1）确定型会展风险估计

① 盈亏平衡分析　盈亏平衡分析（Break-Even Analysis）通常又称为量本利分析或损

益平衡分析。它是计算和分析成本和盈利之间的关系，从中找出它们的规律，并确定会展项目成本和收益相等时的盈亏平衡点的一种分析方法。在盈亏平衡点上，会展项目既无盈利，也无亏损。通过盈亏平衡分析可以看出会展项目对市场需求变化的适应能力。

② 敏感性分析　敏感性分析（Sensitivity Analysis）的目的，是考察与会展项目有关的一个或多个主要因素发生变化时对该会展项目投资价值指标的影响程度。通过敏感性分析，使我们可以了解和掌握在会展项目经济分析中由于某些参数估算的错误或是使用的资料不太可靠而可能造成的对投资价值指标的影响程度，有助于我们确定在会展项目投资决策过程中需要重点调查研究和分析测算的因素。

③ 概率分析　概率分析是运用概率论及数理统计方法，来预测和研究各种不确定因素对会展项目投资价值指标影响的一种定量分析。通过概率分析可以对会展项目的风险情况作出比较准确的判断。主要包括解析法和类比法（蒙特卡罗 Monte Carlo 技术）两种。

（2）不确定型会展风险估计

主要有小中取大原则、大中取小原则、遗憾原则、最大数学期望原则、最大可能原则。

（3）随机型会展风险估计

主要有最大可能原则、最大数学期望原则、最大效用数学期望原则、贝叶斯概率法等。

会展风险估计侧重于分析潜在威胁及其后果。其意义在于：

① 通过对会展风险的估计，使人们对该风险的损失给予及时的关注，该损失一经得到比较准确的估计，就可使一些后果较严重的会展风险更容易被识别；

② 会展风险损失的估计，可以减少有关损失发生的不确定性；

③ 会展风险管理者可以在估计和衡量的基础上较合理地制订和选择恰当的会展风险管理手段和会展风险管理方案。

会展风险清单是关键的会展风险预测管理工具，清单上列出了在任何时候碰到的会展风险名称、类别、概率及该风险所产生的影响。其中整体影响值可对四个会展风险因素（性能、支援、成本及进度）的影响类别求平均值（有时也采用加权平均值）。其具体内容包括直接损失和间接损失。会展风险清单的格式必须包括企业所有的全部资产，即有形资产和无形资产，还必须列出企业活动所处的自然、经济、政治和社会环境。其作用在于帮助企业在生产经营过程中及时清晰地发现所面临的各种会展风险，并决定对风险采用的处置方案。需要指出的是，清单只能列举和显示各种已存在的会展风险，却容易使人忽视对潜在会展风险的研究。所以，在分析会展风险清单的同时，应密切注意其他潜在会展风险的威胁。

潜在威胁分析指编制企业某一经营活动中可能构成威胁事件的一览表。通过对企业经营活动和所处环境的全面调查，发现潜在威胁企业正常生产经营的各种因素，从而发现潜在会展风险，完成会展风险识别过程。

完成了会展风险表的内容，就可以根据概率及影响来进行综合考虑，会展风险影响和出现概率从会展风险管理的角度来看，它们各自起着不同的作用。一个具有高影响但低概率的会展风险因素不应当占用太多的会展风险管理时间，而具有中到高概率、高影响的会展风险和具有高概率及低影响的会展风险，则应该进行会展风险分析。

【案例 4-1】　中国国际建筑艺术双年展风险与防范

（1）行业风险

建筑业是中国拉动经济增长的支柱产业，属国家宏观调控的高科技、高投入、高风险、高回报的资本与技术密集型行业。建筑业近20年来在中国发展迅猛，行业本身属性即有高度投资风险性，并受国内外政治、经济大气候影响。中国经济的发展形势一直被看好。根据业内人士分析，中国建筑业走势良好，高速发展态势将会保持5—7年。

（2）运营风险

中国国际建筑艺术双年展是由高层文化艺术与支柱经济产业共建的一个无限广阔的平台。展会本身作为一个文化产业构成部分，其经营理念和实践必须与国际最先进的展会模式接轨。为成为国际大会最重要的建筑艺术展之一，成为世界上水平、影响力堪称一流的超大型专业会展，需要建立一个更为合理的运行机制。双年展展会的运营团队均由多年从事经济运作和文化产业运作的杰出人才组成，有过多次调动、配置、整合各方优势资源的实战经验，相信在本届展会上将有更佳的表现。

（3）机会风险

国际建筑商、材料厂商、供应商，包括建筑设计师都在伺机打入中国建筑市场，他们在技术、资金、产品质量、管理诸多方面均具有较强的竞争实力。同时展会将会获得来自世界各地的信息资源，是否把握好最佳机遇占领建筑产业链中的有效市场，对展会运营者来说无疑是一个极大的挑战。

（4）投资风险

巨额贷款资金投入新的建筑业开发项目，必然具有诸多财务与管理风险因素，除被投资者受不可控外力因素的影响外，资本市场的不确定因素也会对未来建筑业或房地产交易等方面产生影响，诸多因素构成投资风险。但是，展会运营方更多是通过自身的国际性品牌发挥其高效推广的潜能，为新的建筑开发项目铺设康庄大道，故此风险可以及时而有效地得以调控。

（5）结论

上述风险分析的结论为，中国国际建筑艺术双年展展会运营基本为零风险。只要建立科学的风险防范监控机制，即能将风险控制到最低程度。如建立展会运营内部风险决策机构，健全风险预防和管理制度，完善风险决策与监控管理机制；规范展会内部管理，强化质量和服务意识，着眼于建筑实业开发，确认资本的经营目标，适时地推动展会进入资本市场，加速资本的周转效率。

根据上述可行性分析，中国国际建筑艺术双年展不仅可以收到良好的社会效益，同时可以获得丰硕的经济效益。只要认真操作、合理运营，中国国际建筑艺术双年展经过数届的努力，必将成为国际大会最重要的建筑艺术展之一。

资料来源：王起静. 会展项目管理. 中国商务出版社，2004.8

4.2 会展风险衡量

会展风险衡量就是对会展风险存在及发生的可能性以及会展风险损失的范围与程度进行估计和衡量。其基本内容为运用概率统计方法对会展风险的发生及其后果加以估计，得出一个比较准确的概率水平，为会展风险管理奠定可靠的数学基础。

会展风险衡量为会展风险分析奠定了基础。会展风险分析是对会展风险及其损失的总体分析，是整个会展风险管理过程的前提，分析的科学与否直接影响到管理效果的好坏。由于不确定因素的影响，会展风险分析要达到准确相当困难。为尽量排除这种影响，必须认真进行会展风险的识别与衡量。

4.2.1 会展风险衡量的内容

处理会展风险的前提是明确会展风险的存在。要弄清会展风险是否存在，就必须对该会展风险进行系统而全面的考察，通过考察，正确地识别会展风险。如实估计会展风险发生损失的程度，为制订和选择会展风险处理的方案打下基础。

认知会展风险是会展风险识别的第一关键环节，以便采取各种有效的方法进行系统的考察，了解、认识会展风险的种类、性质以及可能发生的会展风险后果，使决策者增强会展风险的识别和感知能力。由于会展风险本身处于一种十分不确定的状态，对于企业所面临的全部风险，往往难以用一种孤立的方法来考察和测量。某种方法，对这种会展风险有效，对别种会展风险则难以奏效，因此，必须同时采用多种方法进行综合考察。

会展风险认知的基础完成以后，应该分析各种会展风险事件存在和可能发生的原因，并考察潜在会展风险的状况。会展风险事件原因和潜在会展风险分析，主要指对会展风险种类的分析和对潜在会展风险威胁的分析。制作会展风险清单分析会展风险种类是分析会展风险事件原因的最基本、最常用的方法。采用类似于备忘录的形式，将企业或单位所面临的各种会展风险逐一列举，并联系组织的经营活动对这些会展风险进行综合考察。会展风险管理人员可在此基础上对会展风险的性质及其可产生的损失作出合理的判断，并研究对策来防止会展风险的发生。

会展风险衡量的具体内容包括三个方面：首先，要确定会展风险事件在一定时间内发生的可能性，即概率的大小，并且估计可能造成损失的严重程度；其次，根据会展风险事件发生的概率及损失的严重程度估计总体损失的大小；最后，根据以上结果，预测这些会展风险事件的发生次数及后果，为决策者提供依据。

4.2.2 会展风险衡量的基本原则

（1）全面周详原则

必须全面地了解各种会展风险事件存在和可能发生的概率以及损失的严重程度，会展风险因素以及因会展风险的出现而导致的其他问题。损失发生的概率及其结果直接影响人们对损失危害的衡量，最终决定会展风险管理工具的选择和管理效果的优劣。因此，必须全面了解各种会展风险损失的发生及后果的详细状况，及时而清晰地为决策者提供比较完备的决策信息。

（2）综合考察原则

企业面临的会展风险是一个复杂的，其中包括不同类型、不同性质、损失程度不等的各种会展风险。复杂会展风险系统的存在，使独立的分析方法难以对全部会展风险奏效，从而必须综合使用多种方法。会展风险清单列举的企业会展风险损失一般分为三类。一是直接损失，识别直接财产损失的方法有很多，如访问经验丰富的经营人员、查看财务报表、分析流程等。二是间接损失，指企业受损后，修复前因无法生产和获取利润所致的损失。有的间接损失在量上大于直接损失，间接损失的识别可以采用投入产出、分解分析等方法。三是责任损失，责任损失是由受害方对过失方的胜诉而产生的。识别和衡量责任损失，既需要熟练的业务知识，又需要充分的法律知识。此外，企业关键人员的意外伤亡或伤残所造成的损失，要用特殊的检测方法来进行识别和衡量。

（3）量力而行原则

会展风险衡量的目的在于为会展风险管理提供前提，以保证企业以最小的支出来获得最大的安全保障，减少会展风险损失。因此，在经费有限的条件下组织会展风险识别必须根据实际情况和自身承受的财务能力，选择效果最佳、经费最少的识别和衡量方法。在会展风险衡量的同时，应将该项目活动所造成的成本列入企业的财务账目作综合考察，以保证以较小的支出换取较大的收益。如果会展风险识别和衡量的成本超出对会展风险管理的收益，这项工作就没意义了。

（4）科学计算原则

会展风险衡量的过程是对企业经营状况及其所处的环境进行量化核算的过程。会展风险衡量以严格的数学理论为基础，在普遍估计的基础上，进行统计和运算，以得出比较科学和合理的分析结果。会展风险衡量过程中的财务状况分析、投入产出分析、分解分析以及概率分析和损失后果的测量，都有相应的数学方法。所以，会展风险衡量应按照比较严格的数学方法来进行。

（5）系统化、制度化、经常化原则

会展风险衡量是会展风险管理的前提和基础，衡量是否准确将决定管理效果。为保证最初分析的准确度，就必须作周密系统的调查分析，将会展风险进行综合归类，揭示各种会展风险的性质及后果。如果没有科学系统的方法来衡量会展风险，就不可能对会展风险有一个总体的、综合的认识，难以确定哪种会展风险是可能发生的，不可能较合理地选择控制和处置会展风险的方法，会展风险分析对会展风险管理的意义是重大的，会展风险衡量是会展风险分析的基本要素，不论在会展风险管理的其他方面做得多么完备，只要在衡量方面失去系统性和准确性，则无法对会展风险作出正确的判断，不能有效地实现管理目标。此外，由于会展风险是随时存在的，因此，会展风险衡量必须是一个连续的和动态的过程。

【案例 4-2】 四大展会扎堆"火拼"

广州市的会展行业，目前题材重复的现象愈发严重，往年主要表现在"同年有若干个类似展览"，而今年不同展览公司竟然在同一月份开展"同题材展会"互相抢客，此种现象在全国都是罕见的。

首届广州国际品牌化妆品展览会落下帷幕没几日，3 月 18 日—21 日，广州又将举行"第 20 届广州国际美容美发化妆用品博览会"。更夸张的是，3 月 25 日—28 日举行的"第八届广州国际广告展"和 3 月 26 日—29 日举行的"2004 广东国际广告展"在时间上几乎完全重叠。

业内人士指出，由于时间重叠及题材重复，这四大展会都不可避免地采取了"价格战"的方式吸引客户，这不仅给参展方及展览公司带来了不便，也影响了广州会展业的正常发展。

4.2.3 会展风险衡量的方法

会展风险衡量的方法有很多，但其中主要包含一般调查估计与高等数学方法的几种不同组合分析方法，随着科学技术的发展与经验的逐渐丰富，分析的方法和手段将更加完善和合理。

会展风险衡量的主要方法是数学统计方法，即用一组较小的样本观察值，对一组较大的未知观察值进行理论预测。运用概率估计会展风险，不仅表现在单纯的概率概念中，而且表现在概率的分布之中。概率分布对于准确衡量损失频率及损失后果具有重要的作用。通过概率分布，可以获得某一事件发生及其后果的概率，并推断事件结果范围，有助于更好地选择会展风险管理技术和手段，从而得到最佳的会展风险控制效果。

利用数学方法进行会展风险的衡量，一般要经过以下内容的量测：损失的可能性，巨额损失的发生概率，损失额。概率分布主要包括二项分布、泊松分布和正态分布几种形式。应用概率分布进行会展风险衡量时，统计资料的收集和调查要全面而细致，而且统计资料的整理科学合理。

（1）概率

概率是用百分数或小数来表示随机事件发生可能性及出现结果可能性大小的数值。将随机事件各种可能的结果按一定的规则进行排列，同时列出各种结果出现的相应概率，这一完整的描述称为概率分布。概率分布可分为离散型分布与连续型分布两种类型。

概率是用来表示随机发生可能性大小的一个量。人们很自然地把必然发生的事件的概率定为1；把不可能发生的事件的概率定为0；而一般随机事件的概率是介于0与1之间。用公式表示：

$$0 \leqslant P(A) \leqslant 1$$

式中：A 表示某种随机事件；P 表示事件的概率逐渐趋于某个常数；P（A）表示常数 P 为事件 A 的概率；1 表示必然事件的概率；0 表示不可能事件的概率。

在一般条件下，概率大，表示某种随机事件出现的可能性就大；反之，概率小，则表示某种随机事件出现的可能性就小。概率值永远是正数。如果将同类事件的所有不同结果的概率都相加，则概率之和必为1。即：

$$\sum_{i-1}^{n} P_i = 1$$

以概率为尺度，从数量的角度来研究随机现象变动的关系和规律性的科学则称为概率论。

（2）期望值

期望值是一个概率分布中的所有可能结果，以各自相对应的概率为权数计算的加权平均值，是加权平均的中心值，公式如下：

$$\overline{E} \sum_{i-1}^{n} x_i P_i$$

其中：E——期望值；

x_i——第 i 种结果出现后的预期报酬率；

P_i——第 i 种结果出现的概率；

n——所有可能结果的数目。

期望值反映了同一事件大量发生或多次重复发生所生产的结果的统计平均。

（3）离散程度

离散程度是用以衡量会展风险大小的指标。表示随机变量离散程度的指标主要有方差、标准离差和标准离差率等。

① 方差　方差是用来表示随机变量与期望值之间的离散程度的一个数值，其计算公式为：

$$\sigma^2 = (X_i - \overline{E})^2 \cdot P_i$$

② 标准离差 标准离差是反映概率分布中各种可能结果对期望值的偏离程度的一个数值。其计算公式为：

$$\sigma = \sqrt{\sum_{i=1}^{n} (x_i - \overline{E})^2 \cdot P_i}$$

标准离差是以绝对数来衡量待决策方案的会展风险，在期望值相同的情况下，标准离差越大，会展风险越大；相反，标准离差越小，会展风险越小。标准离差的局限性在于它是一个绝对数，只适用于相同期望值决策方案会展风险程度的比较。

③ 标准离差率 标准离差率是标准离差与期望值之比。其计算公式为：

$$\gamma = \frac{\sigma}{E(X)}$$

式中 γ——标准离差率；

σ——标准；

$E(X)$——期望值。

标准离差率反映了不同投资方案或项目间相对会展风险的大小，或每单位收益面临的会展风险的大小。标准离差率是以相对数来衡量待决策方案的会展风险。一般情况下，标准离差率越大，会展风险越大；相反，标准离差率越小，会展风险越小。标准离差率指标的适用范围较广，尤其适用于期望值不同的决策方案会展风险程度的比较。

4.3 会展风险评估

4.3.1 损失频率与损失程度

损失频率亦称损失机会，是在一定时间内一定数目的危险单位中可能受到损失的次数或程度，通常以分数或百分率来表示，即损失频率＝损失次数/危险单位数。

损失程度是标的物发生一次事故损失的额度。损失程度＝实际损失额/发生事故件数。

损失频率与损失程度一般成反比：往往损失频率很高，但损失程度不大；损失频率很低，但损失程度大。

在研究损失频率与损失程度之间的关系时，常用工业意外事故的举例来说明：在工业事故中，每发生一次大的伤害事故，就伴随有 30 次小的伤害事故和 300 次无伤害的事故。这是对几千件小事故的研究得出的结论，它有利于我们理解频率与损失程度之间的关系。

但也有例外，在某些特殊情形下，事故发生的频率不高，而损失程度很高。如航空风险，航空事故发生多半是全损，而不是小事故。

4.3.2 会展风险评估

对会展风险进行评估时可以建立一个如下的四元阵列：

$$[r_i, l_i, x_i, y_i]$$

其中，r_i 是会展风险，l_i 为会展风险出现的概率，x_i 则表示会展风险损失大小，y_i 则表示期望会展风险。

一种对会展风险评估的常用技术是定义会展风险的参照水准，对绝大多数会展项目来讲，会展风险因素——成本、性能、支援和进度就是典型的会展风险参照系。也就是说，对成本超支、性能下降、支援困难、进度延迟都有一个导致会展项目终止的水平值。如果会展风险的组合所产生的问题超出了一个或多个参照水平值时，就终止该会展项目的工作，在会展项目分析中，会展风险水平参考值是由一系列的点构成的，每一个单独的点常称为参照点或临界点。如果某会展风险落在临界点上，可以利用性能分析、成本分析、质量分析等来判断该会展项目是否继续工作。

但在实际工作中，参照点很少能构成一条光滑的曲线，大多数情况下，它是一个区域，而且是个易变的区域。因而在作会展风险评估时，尽量按以下步骤执行：

① 定义会展项目的水平参照值；
② 找出每组 $[r_i, l_i, x_i, y_i]$ 与每个水平参照值间的关系；
③ 估计一组临界点以定义会展项目的终止区域；
④ 估计会展风险组合将如何影响会展风险水平参照值。

4.3.3　对策

损失控制是一种主动、积极的会展风险对策。损失控制可分为预防损失和减少损失两方面工作。预防损失措施的主要作用在于降低或消除（通常只能做到减少）损失发生的概率，而减少损失措施的作用在于降低损失的严重性或遏制损失的进一步发展，使损失最小化。一般来说，损失控制方案都应当是预防损失措施和减少损失措施的有机结合。

制订损失控制措施必须以定量会展风险评价的结果为依据，才能确保损失控制措施具有针对性，取得预期的控制效果。会展风险评价时特别要注意间接损失和隐蔽损失。制订损失控制措施还必须考虑其付出的代价，包括费用和时间两方面的代价。

（1）规避会展风险

当会展风险所造成的损失不能由该项目可能获得收益予以抵消时，应当放弃该项目，以规避会展风险。

（2）减少会展风险

减少会展风险主要有两方面意思：一是控制会展风险因素，减少会展风险的发生；二是控制会展风险发生的频率和降低会展风险的损害程度。减少会展风险的常用方法有：进行准确的预测；对决策进行多方案优选和相机替代；及时与政府部门沟通获取政策信息等。

（3）转移会展风险

对可能带来灾难性损失的项目，企业应以一定代价，采取某种方式转移会展风险。如向保险公司投保；采取合资、联营、联合开发等措施实现会展风险共担；通过转让、租赁经营和业务外包等实现会展风险转移。

（4）接受会展风险

接受会展风险包括会展风险自担和会展风险自保两种。会展风险自担，是指会展风险损失发生时，直接将损失摊入成本或费用，或冲减利润；会展风险自保，是指企业预留一笔风险金或有计划计提资产减值准备等。

【案例4-3】　区域车展：鸡肋还是钻石？

时下参加北京、上海等大牌车展已成为汽车制造商的一种习惯，在某些媒体鼓噪二级城市车展渐成"鸡肋"之时，却有另一些坚持走贴近百姓、贴近生活路线的厂家从中斩获颇丰。

　　既然无法同北京、上海等比肩国际品牌、前瞻行业发展趋势的世界车展直面交锋，区域性车展便给自己找了一个聪明定位——更加贴近百姓、贴近生活。对于那些更适合百姓购买的品牌和微面、微轿等车型而言，区域车展便是它们的乐土。无怪有业内专家认为，参观北京、上海车展只是为了欣赏汽车，而参观区域车展则是为了认知汽车，甚至选择汽车。

　　重庆国际汽车工业展不仅再次破了其历届参展企业、参观人数、布展面积的纪录，而且创造了历届车展成交量的新高：5 天展会期间共成交车辆 664 辆，成交金额达 9960 万元。而在同处西南的成都国际汽车展览会上，仅仅一天时间，就有超过 6 万人次的四川各地车迷挤进车展现场，并将总价值 4000 多万元的 350 余辆各大品牌汽车订走，成为今年成都汽车单日销量最大的一天。

　　云南国际汽车展暨第六届世博品牌汽车展在为期 6 天的车展上，相比奔驰、宝马、法拉利等高档豪华车型，五菱、长安、奇瑞、吉利等百姓车已成为车展的一大热点。在展会开始的前几天，五菱展厅里前来订车的消费者已经络绎不绝，开展前一天有 4 人填写了订单，同时哈飞、长安、吉利和奇瑞 QQ 也各有 6、7 份订单的斩获。百姓车的受宠由此可见一斑。

　　为什么区域车展购车量总是大于大型车展？这与区域车展所提供的服务项目更贴近广大汽车消费者需求不无关系。如在重庆车展上，主办者就专门推出了生动有趣、形式多样的主题活动，包括与心仪的靓车开展零距离试乘试驾活动、举办"汽车改变人们生活摄影展"以及面向大众的各种讲座等。同时，凡在展会现场订车的消费者，都将享有"购车双重惊喜"，除享受汽车厂商、经销商给予的现场订车特殊优惠和抽奖活动外，还将享受组委会馈赠的超值奖品。

　　与展会贴近生活的方式相一致，参展厂商们在产品选择上，也都力求让自己的产品更加具有亲和力。如在这次云南国际汽车展上，代表上汽通用五菱参展的车型兼顾了商用和乘用两大系列，这些车型的共同特点是就是价位相对平易近人。不会像北京、上海的国际性车展上那样，车虽然好，但是绝大部分消费者都可望而不可即。

　　由于充分重视了包括区域车展在内的绝大部分推广契机，已经有不少厂家在此尝到了甜头。据上汽通用五菱高层人士透露，2005 年以来，这家公司在微车领域的表现颇为抢眼，继第一季度大获丰收之后，5 月份又再次以同比增长 38％的速度实现商用车销售 25796 辆，大幅领先于行业 16％的同比增长水平，而这一切成就的取得与其重视二级城市的战略不无关系。五菱的市场业绩说明，区域车展并不像很多人说的那样仅仅是"鸡肋"或是车展经济过剩的产物，其之所以能长期存在，优势的市场推广作用非常明显，同花大把金钱参加北京、上海国际车展相比，如能在区域市场投入不多的资金，再配以合适的推广方式，汽车厂家特别是微车制造商得到的回报照样可以金灿灿。

4.4　会展风险预警管理

　　会展风险预警管理是在对各种会展风险现象进行监测的基础上去识别会展风险、衡量会展风险并对会展风险预先进行单项和综合报警，并寻求预控对策的活动。预警管理组织是发挥管理功能、实现管理目标的工具。预警管理系统的监视管理范围，是企业高、中、低各管理层次及各横向职能部门的活动范围。预警管理的职能是对企业经营的全过程，各个会展风险事件发生的事前、事中和事后的各个环节进行监测、识别、评价、预测、预控并矫正不良发展趋势，纠正各种管理失误行为，使企业经营状态步入良性轨道。

会展风险预警管理的组织系统是简单还是复杂，主要取决于下列因素：

① 企业规模的大小、复杂性及增长模式；

② 企业经营的性质；

③ 会展风险管理对企业利润的贡献程度；

④ 企业最高管理层对会展风险预警管理的态度。

这样专门的预警管理机构的设立必然影响企业会展机构组织的功能，该机构的设立不但需要企业对原组织机构及功能稍作调整，而且需要其他各部门的通力配合协作，才能发挥其应有的职能。如果从整个企业来看，会展预警管理系统应是企业预警管理的一个分支或一个机构。

整个预警管理系统分三个层次，即决策层（预警管理委员会）、管理层（预警管理部门）、执行层（预警执行部门）。在预警管理系统中，预警管理委员会为最高决策机构，负责会展风险决策的制定；预警管理部门由专门行使预警管理职能的人员组成，负责对预警管理部门各项会展风险决策的实施及监督管理，并对企业外部环境进行分析，对各管理部门的管理行为进行监督；预警执行部门负责预警的具体贯彻、落实，负责对任何分布点的管理行为、环境因素进行监督和预测，并向预警管理层反映会展风险状况。需要说明的是，其他各业务管理部门和业务部门必须接受和配合同级会展风险预警管理机构职能的发挥。

在会展预警管理系统中，预警部负责对会展风险的监测、诊断、矫正及对策的日常职能；同时，在日常活动中宣传判别与防止失误的知识，提高员工危机心理承受能力。预控部负责进行危机状态的预测和模拟，设计"危机管理"备选方案。特别小组是在企业遭受重大打击的危机状态下设置的临时性指挥机构，当企业陷入极端困境中时，其战略管理系统与执行管理系统的职能已处于不可靠状态，而预警部和预控部前期对各种失误的监控和矫正以及储备的"危机管理"方案，就能发挥效能。此时为了迅速寻找到危机根源及有效的对策，还必须借助于企业外部的专家咨询小组，发挥他们的优势，直至项目工作运转恢复正常。

会展预警管理的基本程序包括其经历的阶段和主要工作内容。预警管理的阶段包括会展风险辨识（Identify）、会展风险测定（Deter-mine）、会展风险对策（Countermeasure）、会展风险措施动作（Measure）及管理效果评估（Evaluate）五个基本步骤。只有全面正确地识别企业面临的各种会展风险，才能对会展风险的大小作出准确的衡量，以作为选择对付会展风险的方法依据。只有在对会展风险有了正确认识的基础上，才可能有针对性地提出预测、预控会展风险的具体决策。

在这里，我们将会展预警管理过程，就是从会展风险辨识（I）——会展风险测定（D）——会展风险对策（C）——会展风险措施（M）——管理效果评估（E），称为一个管理周期。在正常情况下，经过这样一个管理周期，其抵抗会展风险的能力和水平就会提高。

（1）会展风险辨识（I）

要对会展风险进行预警管理，首先必须要发现会展风险并对之进行识别，会展风险辨识就是指对会展风险进行鉴别，判断其是否存在，并对尚未显现的、潜伏状态的会展风险进行系统的归类和辨别。识别会展风险是进行风险管理的前提，如果没有准确的识别就不知道存在什么会展风险、可能存在什么会展风险、会展风险的特征如何、其攻击的对象是谁，更不用说对会展风险有所作为了。为此必须进行周密系统的调查研究，掌握情况和资料，根据会展的特点和环境进行分析判断。判断的重点在于回答以下几个问题。

① 会展风险源是否存在？

② 会展风险是否已经形成？其风险要素是什么？

③ 会展风险属于什么样的种类？

④ 会展风险是否指向本企业？与会展风险相关的因素是否已经显现？

⑤ 会展风险在发生过程中是否会变异？

⑥ 能否对会展风险进行定性与定量分析？

⑦ 是否发出报警，以引起有关人员的重视？等等。

对会展风险成因机理（成因环境要素、成因内部管理要素）的辨识可以从不同的层次、不同的角度进行。如从宏观角度分析，其方法就有结构分析法、投入产出法、预测分析法、环境分析法、动态分析法等；从微观角度分析，就有财务状况分析法、因素分析法、平衡分析法、技术经济分析法、专家意见法、会展风险排列法、会展风险分析调查表法等。企业管理人员采取何种方法进行会展风险辨识，主要取决于企业所处的环境、企业自身的管理水平、相关人员的经验和能力、企业所面临的会展风险的种类及危害程度等。

（2）会展风险的测定（D）

识别会展风险后，就要对会展风险进行分析研究并尽可能地作量化的判断。会展风险的测定是对风险的有关参数进行测量、分析，对其发生的可能性和损失的范围与强度进行估计和衡量，为制订会展风险管理方案提供技术数据。

会展风险的测定是预警管理的依据，但是对会展有关风险进行描述和度量是会展风险预警管理中一项较为复杂的工作，对某项会展风险的测定，受到下列因素的影响。

① 会展风险的显化程度。若会展风险已经外露，其"谜面"暗示了"谜底"，那么就较容易发现。若会展风险的预报只是一种直觉或预感，无明显前兆，其结果就难以判断。

② 会展风险资料档案的积累程度。对会展风险测定的准确性有赖于对会展风险规律的认识程度，有时可以借鉴以前的资料。

③ 会展风险管理经验的制约。因为会展风险的测定没有万能的公式和方法，在很大程度上要依靠管理人员的经验进行专业判断。

④ 测定的技术方法和手段。在现有的会展风险中，一些会展风险本身直观明了，或因长期经验积累使它们易于估测；一些是通过专门的技术分析手段可以计算、测量；另外一些则是隐含会展风险，可对其进行探测、显化处理。要估算会展风险对企业的影响，在衡量会展风险的同时要考虑会展风险的损失概率和损失程度，将二者相乘可得出期望损失值。会展风险是损失的不确定性，导致损失原因、损失程度以及损失金额的大小都具有随机性，但通过对大量事件的观察可发现其结果呈现一定的规律性。因此，可借助于概率统计的方法来衡量会展风险的大小。

事实上，一个会展风险对应着一个概率分布，衡量会展风险的大小就是要对这些概率分布排列顺序，用数值的大小来代表其顺序，即会展风险度。

对会展风险的测定，我们可采用主观风险测定法和客观风险测定法。

第一，主观风险测定法。主要依赖于风险管理者的主观努力和个人经验及判断力，例如统计报表透视法、经理观察法、事件推测法、"A 记分"法等。主观测定法使用简便易行，但风险管理者差别不同，其风险测定结果易出现明显差别，风险大小的衡量标准前后也不一致。对于主观风险测定法的不足之处，可以考虑采用其他方法加以弥补。

第二，客观风险测定法。就是以反映企业会展活动的实际数据为分析基础的风险测定法。传统客观风险测定法为财务比率分析法，我们结合会展的特点以及会展的实际数据进行分析、判断、衡量，对其进行定量化分析，以测定会展风险的大小。在现代客观风险测定法中，最具代表性的是奥特曼（E. L. Ahman）于 1986 年在美国提出的"Z 记分"方法。

会展风险测定主要回答以下问题。

① 会展风险将在何时及何种情况下发生？

② 会展风险的发生需要具备什么条件？对于本企业来说，该条件是否已形成？

③ 会展风险将构成什么危险？实际损失大小如何？

④ 会展风险发生的特征是什么？

⑤ 会展工作会暴露何种致命弱点？

⑥ 对会展风险的测定是否完全、准确？能否为制定对策与方案提供全部或部分资料数据？

上述阶段根据会展风险的大小、损失的可能性以及发展的趋势，按照会展风险的不同程度发出报警，以便采取不同对策。

（3）会展风险的对策（C）

会展风险的各种对策是指对付会展风险的各种策略，它是在前两步的基础上，提出预防会展风险的措施和选择会展风险工具。此阶段是企业从预测进入决策，从警戒进入迎击的过程。会展风险的策略必须符合针对性、经济性、可靠性、效果性、最优性的原则，通过会展风险对策以便实现会展预警策略的目标。会展风险对策主要解决以下问题。

① 是否明确会展风险的侵犯方向和攻击对象？

② 会展管理工作是否进入了会展风险防范状态及如何进入状态？

③ 是否采取了必要对策？这些对策能否形成方案？其管理措施、方法是否合理可行？

④ 会展风险发生变异时，会展风险管理方案能否适应？

⑤ 会展风险管理方案是否为最佳费用选择？等等。

会展风险对策有多种类型，主要有如下两种。

第一，会展风险调控对策。指主动出击抵消会展风险的作用力，防范会展风险的发生，积极控制会展风险，引导会展风险。

第二，会展风险处置对策。指对会展风险做出回避转移、分散等处理，使企业减少或者避免会展损失，改善环境，摆脱被动的局面。

（4）会展风险措施运作（M）

会展风险措施运作是会展风险决策的具体化并加以实施。它主要解决实际操作问题，也就是将主观设计转化为实际行为，对各种会展风险对策进行细化，落实到各个工作环节之中；将会展风险对策在实际中进行检验，发现存在的缺陷，及时进行反馈，视具体情况对方案补充、调整，对方案实施的费用进行计算，优化成本效益。

在措施运作过程中，要体现 5W1H 的思想，即谁来实施？在什么地方实施？什么时候实施？实施的内容是什么？要明确：为什么要干？如何干？当然具体实施时要体现预防在先、补救在后，控制为主、对抗为辅的原则，对会展风险要进行早期预报、全面控制、全程监视，发挥各种调控方法和处置方法的作用，保证会展风险管理策略的贯彻，并取得预期的效果。

（5）会展风险管理效果评估（E）

处理会展风险的方法选定之后，就必须对贯彻执行情况进行检查和评价，以使其方法适应新的要求。因为对会展风险的管理过程是动态的，会展风险在不断变化着，原有的会展风险消失了，新的会展风险会产生，以前对付会展风险的方法也许不适用于现在的会展风险；可能有时会展风险管理决策是错误的，这就需要通过检查和评价来发现，然后进行纠正。在检查评价中，首先确定一个标准，然后将管理工作的实际结果与标准加以比较，以判断工作的优劣。

该过程是对会展风险措施实施后的结果或效果进行认定和评价，是对会展风险预警管理的一个周期总结，为下一个管理周期工作做指导和参考，总结经验教训尤其是会展风险管理的工作规律，为下一个阶段也就是企业的发展提供保障。对会展风险管理效果的评估，需要回答以下问题。

① 风险管理策略是否符合企业会展活动实际？是否反映了具体会展风险的特点？

② 是否适合于企业会展管理人员的素质状况和工作特点？

③ 会展风险对策是否易于分解落实？

④ 会展风险管理的效果如何？是否实现预期目标要求？如果存在差异，其幅度有多大？

⑤ 会展风险损失较预计有无增加？若有增加，其原因何在？

⑥ 会展风险管理过程中是否出现失控区间？原因及后果如何？

⑦ 有何成功经验？存在何教训？如何借鉴？等等。

【案例4-4】　IT展感染"中年困惑"

原定在7月份举办的两个国际数码展览会陆续"流产"。展会取消，在国内并不是什么新鲜事儿，但作为新兴市场的数码类展览，在这个时候被取消，确实令人惊讶。加之此前已有号称"IT行业发展趋势风向标"的美国COMDEX也被宣布取消。我们不禁要问，真的是主办商所言"博览会开展的时间与参展商自身的时间安排有冲突"？还是业内人士所分析的"招展不足，参展商因参展成本太高而积极性不佳"呢？

从理论上讲，会展经济是市场经济的阶段性产物，属于一种衍生经济，会展活动自身的寿命期取决于主体经济的发展状态。因此，IT展览会生存与发展依赖于主体经济即IT产业经济的市场状况，可谓是"一荣俱荣，一损俱损"的共生关系，它是反映IT经济市场现阶段状况的晴雨表。我国IT类展览会所呈现的各种问题，实质上反映了作为展览会主体经济的我国IT业正进入"中年困境阶段"所具有的各类问题。

近十年来，我国IT业以每年30%～40%的增幅高速增长，其中软件业甚至达到30%，固定网和移动网用户都超过2.5亿，跃居世界第一，但是我国信息化整体、区域、行业发展的不平衡性所带来的一系列问题也逐渐凸显，同时进入"用户主导"时期，客户需求更加独特和复杂、IT企业的老业务利润下滑、新业务增长乏力等"行业经济中年困惑"也十分明显。显然，提高企业核心竞争力和企业可持续发展已经成为困惑我国IT业的关键问题。

而我国目前的各类IT展会正是建立在此基础之上的，因此感染这种"中年困惑"综合征几乎是不可避免的。

显然，如果要抵挡来自德国CEBIT、新加坡SITEX、中国香港IT Solutions Expo等越来越多国际计算机、网络、通信、电子商务展览会的竞争和威胁，国内的IT展会主办方就必须以严谨、科学的态度认真研究展会主题经济（即 IT 行业市场）规律和深层问题，准确把握 IT 产业链与顾客链需求，将国际资源与国内市场优势相结合，把握产业融合的大趋势，在展览会定位、主题创新、组展招商营销模式、展会管理服务能力等方面还需要花大功夫，全面提高自身的市场竞争力，这样才有可能及早走出"中年困境"。

会展风险预警管理的功能，是在原有会展管理职能的基础上构建新的预警机制，即警报职能、矫正职能和"免疫"职能。

① 警报职能 这是对会展行为与会展管理周期活动以及会展环境进行监测、识别、论断与警报的一种功能。通过设立各类行为可能产生失误后果的界限区域，对某些可能的错误行为或可能的波动失衡状态进行识别与警告，以此来规范会展管理系统的秩序与功能。警报职能的核心是它的识别系统的建立与完善。

② 矫正职能 这是指对会展行为失误和会展管理波动进行预控和纠错的一种功能。依照管理预警的信息，对会展管理失误与会展管理波动进行主动的预防控制并纠正其错误，促成管理过程在非均衡状态下的自我均衡。矫正职能的核心是预控行为的敏感度，即预控在某种过程状态下，对矫正对象作用的有效程度。

③ 免疫职能 指对同类的失误行为和管理波动局势进行预测或迅速识别并采取有效对策的一种功能。当会展管理过程中出现了曾经发生过的失误征兆或相同的错误信息时，它能准确地预测并迅速运用规范手段有效制止或回避。免疫职能的核心是企业会展组织能否科学总结逆境教训，并将其转化为管理知识的能力与水平。

要解决企业会展风险的预警问题，首先要在会展组织中构建一个具有操作意义的预警管理系统，必须从理论上解决管理系统的构建原则与构建方法问题，也就是会展风险预警管理系统如何构建，才能具备描述、解释、评价、预测、对策这五个基本功能。

① 描述功能 即对会展过程中的风险状态以及各种会展行为进行客观描述。也就是说，对客观事实的抽象与归纳，不作评论与分析，只回答发生的现象是什么。

② 解释功能 即分析各种现象发生的原因及活动背景，并就各种成因要素对现象的作用进行因果关系的解剖，详细说明其关系，主要回答为什么会发生此类现象。

③ 评价功能 即对上述各种现象及其成因和发展过程，从经济及管理学角度进行价值评判，分析其利弊得失，回答现象的实际结果或本质是什么。

④ 预测功能 即根据上述分析及企业占有的资料与信息，分析会展活动现象涉及因素的变化趋向，估算它们未来变化对会展活动现象发展可能产生的各种作用，由此回答会展活动现象的未来结果可能是什么。

⑤ 对策功能 即根据预测结论，提出干预、控制或促进现象未来后果发生的管理对策与建议，同时指出调控现象的外在因素和内在诱导因素的途径与手段，帮助企业作出决策。其主要功能是回答会展管理决策与执行者应采取的正确、及时、有效的方法和措施，以避免、防止、摆脱企业陷入会展风险所引起的危机之中，避免和减少不必要的损失。

会展活动过程是会展顺境与会展逆境两者交互发生、互相转化的过程，即会展成功与会展失利（失败）的交互过程。由企业外部环境和内部管理状态的变化，决定了会展活动过程呈现为成功机理与安全机理两者交互作用的运行过程。因此，会展风险预警管理系统的构建目标是以保证会展活动处于"安全可靠"的运行状态，并以预测、监控、矫正各种会展风险为核心任务的组织管理体系。

本章小结

会展风险量是指各种会展风险的量化结果，其数值大小取决于各种会展风险的发生概率及其潜在损失。与会展风险量有关的另一个概念是会展等风险量曲线，就是由会展风险量相同的会展风险事件所形成的曲线，不同等风险量曲线所表示的会展风险量大小与其与会展风险坐标原点的距离成正比，即距原点越近，会展风险量越小；反之，则会展风险量越大。会展风险估计常采用两种方法估价每种会展风险：一种是估计会展风险发生的可能性或概率；另一种是估计如果会展风险发生时所产生的后果。

会展风险衡量就是对会展风险存在及发生的可能性以及会展风险损失的范围与程度进行估计和衡量。其基本内容为运用概率统计方法对会展风险的发生及其后果加以估计，得出一个比较准确的概率水平，为会展风险管理奠定可靠的数学基础。会展风险衡量的具体内容包括三个方面：首先要确定会展风险事件在一定时间内发生的可能性，即概率的大小，并且估计可能造成损失的严重程度；其次，根据会展风险事件发生的概率及损失的严重程度估计总体损失的大小；最后，根据以上结果，预测这些会展风险事件的发生次数及后果，为决策者提供依据。会展风险衡量的主要方法是数学统计方法，即用一组较小的样本观察值，对一组较大的未知观察值进行理论预测。运用概率估计会展风险，不仅表现在单纯的概率概念中，而且表现在概率的分布之中。概率分布对于准确衡量损失频率及损失后果具有重要的作用。通过概率分布，可以获得某一事件发生及其后果的概率，并推断事件结果范围，有助于更好地选择会展风险管理技术和手段，从而得到最佳的会展风险控制效果。制订损失控制措施必须以定量会展风险评价的结果为依据，才能确保损失控制措施具有针对性，取得预期的控制效果。会展风险评价时特别要注意间接损失和隐蔽损失。制订损失控制措施还必须考虑其付出的代价，包括费用和时间两方面的代价。会展风险预警管理是在对各种会展风险现象进行监测的基础上去识别会展风险、衡量会展风险并对会展风险预先进行单项和综合报警，并寻求预控对策的活动。会展风险预警管理系统的构建目标是以保证会展活动处于"安全可靠"的运行状态，并以预测、监控、矫正各种会展风险为核心任务的组织管理体系。

复习与思考

1. 什么是会展风险量、会展风险量曲线？
2. 什么是会展风险衡量？其基本内容是什么？
3. 会展风险衡量的具体内容包括哪些方面？
4. 会展风险评价时特别要注意的是什么？
5. 何为会展风险预警管理？其职能是什么？
6. 什么是会展风险预警管理系统的构建目标？

案例分析：中国会展业的得与失

"非典"对中国，包括香港特区、新加坡等影响都很大。"非典"使国际上对到中国参展的信心受到极大的冲击，"非典"的出现，使所有的组展商和参展商都在思考怎样降低经营的风险。

遭遇"非典"重创后的会展行业，表现出不同的状态。有的束手无策，有的从容面对，各种状态构成危机下会展企业的众生相，可谓几多欢喜几多忧。

"非典"导致多米诺骨牌反应在北京、上海、广州5、6月份的黄金档期，每天1～2个展会，均因为"非典"全部延期，"非典"原本有序的会展市场带来诸多的问题和麻烦。

先从企业经营的角度来看，组展公司的展会被提前结束、推迟举办甚至取消，不仅蒙受较大的经济损失，更重要的是展会的连续性被中断而失去一部分客户，展馆在后面档期上出现与展会的时间冲突问题，组展公司和展馆、参展商间有一系列的赔偿事宜要解决。

其次，由于许多展会延期或取消，使得一批展览从业人员被迫放假、减薪甚至辞退。尽管这种现象只是暂时的，但它势必会使现有从业人员尤其是年轻人重新审视这个行业，然后再作决定，即他们最终选择留下来，展览企业的士气也将受影响。

首个遭遇"非典"的大型展会便是具有天下第一会之称的广交会。每年两届的广交会除了自身成交总额超过100亿美元之外，还给广州带来20多亿元人民币的相关收入。但对于"非典"下的93届春交会，与广交会关联最大的广州酒店业连带减少的经营收入怕不是一个小数。在伊拉克战争和"非典"双重夹击下的第93届广交会，大会承办方本着同舟共济的宗旨，每个标准摊位费6000元，共退出摊位费9700万元。据统计，本届广交会，到会客商来自167个国家和地区，共有23128位与会人士，累计出口成交44.2亿美元，这个成果来之不易。有关负责人强调，广交会虽然到会客商和成交金额减少，但并不代表国际市场的走势和出口商品需求状况。网上广交会、电子商务、跨国定点采购、内外多渠道洽谈等各种创新手段为广交会带来了应对挑战的宝贵经验。此次广交会各网站的访问量总数达5900万次，比上届同期增长48.1%。广交会网三个平台意向成交量为3.1亿美元。

北京第六届科博会吸引全球500多位企业领导人、政治家和学术专家参与的世界经济论坛"2003年中国企业高级峰会"，因为科博会的延期，由原来的4月中旬推迟至年9月举行。第六届科博会虽受"非典"影响而延期，但活动内涵、规模、档次及影响都超出了预期。国内外社会各界对科博会给予了热情的关注和积极响应。科博会取得了高新技术产业国际合作、技术成果交易和新思想、新理念交流、多领域信息传递的成果。

科博会期间，共有45个国家和地区的85个外国政府、企业代表团以及外国驻华商务、科技机构和国际著名科学家、企业家、金融家、经济界知名专家、学者、前沿学科带头人等2000多位国外来宾参加了展览、洽谈、论坛及专项交流活动。全国31个省、自治区、直辖市政府，香港、澳门特区政府及台湾地区科技、工商界首次齐聚科博会，组成以政府和高新技术业界为主的代表团，全面参与科博会各项活动。各参展参会单位在展示其高科技成果的同时，就1万余个技术成果转让、招商引资、技术引进项目进行了经贸洽谈，广泛结交了国内外合作伙伴。科博会期间，共签订以高新技术为主的合资合作项目、技术交易项目224个，协议总金额46.82亿美元，其中北京市签约项目74个，协议总金额23亿美元，占49.1%，外省市签约项目150个，协议总金额23.82亿美元，占50.9%。与往届相比，本届科博会因"非典"增加了社会发展主题和内容，展会增加了抗"非典"中研制的最新科研成果及公共卫生系统等，首次推出的"北京社会发展重点项目推介会"，引起了国内外投资者和相关企业的关注。

上海车展有5个展馆和室外场地共8.1万平方米，展车500多辆。多达730多家的著名汽车公司和相关企业参展,规模宏大,是国内规模最大的一次车展。然而,展会开幕的第一天与第二天,两天专业观众与两天公众日合计到场观众仅 8.6 万人,与预计观众 45 万人,相差悬殊,仅门票收入损失将达上百万。

若只有"非典"没有谣言,本次车展或许并不会导致人心惶惶。可事实是,从开展那天起,有关车展上发现"非典"病人的传闻就没有断过,并且愈传愈烈,以致车展组委会不时地出来辟谣,再三表示并没有在车展上发现"非典"病人。但是,展商、记者、工作人员、观众心中的恐惧与慌乱并不是那么容易被辟除的,原定 4 月 27 日闭幕的车展,提前至 4 月 24 日闭幕。

"非典"期间,中国展览馆协会对北京、上海、广州等地具有代表性的展览场馆和展览公司开展调查。调查显示受"非典"影响,展览业受损 40 余亿元,占全年应收入的 50% 以上。中国展览馆协会在给国资委的报告中指出,希望政府和财政部门帮助会展业共渡难关,在减免行政事业性的收费和财税优惠政策方面对展览业给予必要的扶持。报告显示,5、6 月份是会展业的黄金季节,这两个月的展览会数量和收入占全年展会和收入的 30%。其间,北京地区的 4 个主要展览馆,上海的 3 个主要展览场馆和广州的主要展览馆内举办的 80 余个展览会全部取消和延期,造成整个行业在这一时段的"颗粒无收"。

讨论题

1. 如何看待我国会展业曾遇到的重大危机?
2. 结合实际分析会展风险衡量对会展发展的作用?

5 会展风险控制

【学习目标】

学完本章，你应该能够：

1. 了解会展风险控制的组织准备；
2. 理解会展风险控制的日常监控；
3. 掌握会展风险控制的责任体系；
4. 熟悉会展风险控制机制。

【基本概念】

组织准备　日常监控　风险模拟　风险监控

5.1　组织准备

组织准备包括对会展风险控制而制定与实施的制度、标准、规章，它服务于会展风险管理过程，为预控对策活动提供组织保障。组织准备一是确定会展风险管理的组织构成、职能分配及运行方式，二是为风险状态下的会展风险管理提供组织训练和对策准备。会展风险的因素错综复杂、涉及面广，因此，会展风险控制应是行业层面的管理机制，但必须落实到企业层面才能产生实效。为了使会展风险控制体系具有预警功能，需要对会展活动主办方的传统职能进行重构。从组织体系的功能分工与运作效率角度考虑，将会展活动主办方的功能系统分为战略管理系统、执行管理系统和预警管理系统。将会展活动主办方组织管理体系设计为战略管理、执行管理与预警管理三大职能体系，使会展活动组织具有识错、防错与治错、化错的新功能，并使会展风险控制活动与其他管理活动形成一种职能分工、功能互补的关系，成为会展组织管理活动中的一种常规的组织工作程序。

5.1.1　行业组织方式

由政府的相关组织部门统一领导会展活动的安全管理，在会展行业协会建立会展风险预警中心，由公安和消防的会展办公室协管，作为安全事故监察处的并立或直属机构，指挥、指导、监督和协调所在地会展活动主办方、场地提供方和保安公司等会展活动相关企业的管理工作，如图 5-1 所示。

5.1.2　企业组织方式

5.1.2.1　会展主办方的组织体系

（1）会展主办方的职能分配

从企业组织体系的功能分工与运作效率角度考虑，将企业组织的功能分为战略管理系统、执行管理系统和预警管理系统。预警监测系统不是企业原有职能体系的数量扩充或简单的调整，是使企业管理系统具有内在防错纠错功能，以保证会展活动安全正常运行的管理功

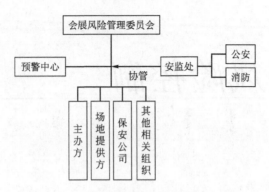

图 5-1　会展风险控制的行业组织方式

能机构。

上述职能形成一个三维的管理结构。设战略管理职能为 S（s），执行管理职能为 E（e），监控管理职能为 C（c），其中大写表示主要职能，小写表示辅助职能。会展主办方各部门职能分配见表 5-1。

表 5-1　会展主办方各部门职能分配表

部门 职能	战略管理部			执行管理部门				预警管理部门				风险管理部门	
	行政部	财务部	市场部	会展部	公关部	工程部	……	风险 预警部	现场 监督部	信息 联络部	数据 分析部	特别 机构	咨询 机构
战略 S(s)	S	s	s	S								S	S
执行 E(e)		E	e	E	E	E	E		e	e		E	
监控 C(c)	C	c	c	c	c	c	c	C	C	C	C	C	C

由此可见，会展风险控制工作强调事先预控而非事后处理。为了明确各自的主要职能，在原财务部的基础上，增加计划部和审计部两个部门，审计部不仅负责内部经济成本审计，而且要对主办方内外部的风险现象和预警预控对策进行经济估测或评价。预警管理职能部门增设保卫部和风险预警部。风险预警部主要是履行对会展风险的监测、诊断、矫正及预控对策职能。预警部不具备执行管理职能，平时也不具备战略管理职能。一旦出现风险，预警部平时预备的"会展风险控制方案"便可发挥效用，此时，职能已转化为战略职能为主，并继续履行监控职能，帮助特别管理机构行使全面的战略、执行、监控职能，直到企业运行恢复正常。风险管理部和咨询机构是在会展风险事故发生时设置的临时指挥机构，它是风险预警部的职能在特别状态下的扩展。

（2）会展主办方的组织构成

根据会展风险控制的职能分配，将会展主办方的组织构成以图 5-2 表示。该系统能有效改善会展主办方的风险管理组织结构的功能，并强化了预警预控职能，加强了"事前"安全管理。会展主办方的三级安全预警管理体系，由会展风险控制委员会、职能部门组成。会展风险控制委员会是公司安全决策层；职能部门是公司安全监督层，也是公司安全保障层，增加了预警管理职能，将飞行安全技术部或飞行安全监察室增加预警预控管理职能，成立风险预警部，负责整个公司的风险预警工作的组织、协调和检查工作。风险管理是一种例外性质的管理，一旦企业局势恢复到可控状态，风险管理即告完成。图 5-2 上用虚线表示风险管理的特别介入方式。

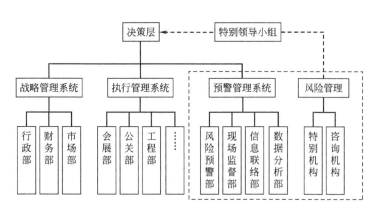

图 5-2　会展主办方的组织构成图

【案例 5-1】　风险避免——上海国际车展提前终止

上海国际车展因"非典"而提前 3 天终止，就是放弃会展活动以免损失的例子。4 月 21 日是第十届上海国际汽车工业展览会开幕第一天，入场人数达 5.1 万人次。为预防"非典"，主办单位采取了以下措施：

① 卫生间面盆、龙头、坐厕、便池口消毒 4 次；

② 展馆内高空通风窗及各展厅的 12 扇大门敞开，保持空气流通，临时展馆配备风扇通风；

③ 入口处 ATM 机、电脑刷卡机、电脑触摸屏、电池轿厢等公共设施消毒 3 次；观众班车消毒 2 次；展厅消毒 3 次；会议室、办公室桌、椅、电话机消毒 3 次；

④ 严格按参观券上的规定时间接待观众；

⑤ 专设医学观察站，安排 2 名医护人员提供咨询和紧急治疗；医学观察站内设隔离室，一旦发现可疑病例，立即通知疾病控制中心派车接走；

⑥ 在观众登记处，展厅入口设置醒目的《参展参观人员注意事项》立牌；

⑦ 在展馆入口设立消毒卫生用品供应点。

为了预防"非典"传播，为了确保群众健康和生命安全，上海市政府决定上海国际车展提前至 24 日闭幕。组委会于 4 月 23 日下午发布退票公告，为观众办理退票手续。

5.1.2.2　场地提供方的组织体系

（1）场地提供方的职能分配

设战略管理职能为 S（s），执行管理职能为 E（e），监控管理职能为 C（c），场地提供方各部门的职能分配如表 5-2 所示。

表 5-2　场地提供方各部门的职能分配表

职能＼部门	战略管理部			执行管理部门				预警管理部门				风险管理部门	
	行政部	业务部	财务部	服务部	营销部	设备部	……	风险预警部	现场监督部	信息联络部	数据分析部	特别机构	咨询机构
战略 S(s)	S	S	S	S								S	S
执行 E(e)	E	E	e	E	E	E	E		e	e		E	
监控 C(c)	C	c	c	C	C	c	c	C	C	C	C	C	C

预警管理职能部门中，现场监督、服务质量的预警职能加强。审计法律部不仅负责企业内部经济成本审计，而且要对场地内外部的风险现象和预警预控对策进行经济估测或评价。风险预警部除了行使原有的监督职能，主要行使风险预警管理职能。一旦风险发生，安全预警部预备的风险管理方案可发挥效用，此时，职能已转化为战略职能为主，并继续履行监控职能，帮助特别管理机构行使全面的战略、执行、监控职能，直到场地的运行恢复正常。风险管理部和咨询机构是在安全事故发生的情况下设置的临时指挥机构，由特别管理机构统筹负责。

（2）场地提供方的组织结构

场地提供方的预警管理系统需要相应的组织机构，监控场地高中低层次及横向职能部门的活动范围。根据场地预警管理系统的职能分配，将场地提供方的组织构成以图 5-3 表示。图 5-3 上用虚线表示风险管理的特别介入方式。

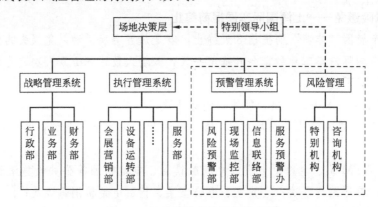

图 5-3　场地提供方的组织构成图

5.1.2.3　行业协会的组织体系

会展行业协会主要行使对会展风险管理过程的监测、诊断、矫正及对策职能；同时设置预警监控档案，总结分析经验教训；培训员工接受失误辨识与预防的知识，提高其应变能力；进行风险模拟，设计风险管理方案供决策层在特别情境下采纳。一旦风险事故发生，风险预警部预备的风险管理方案可发挥效用，职能已转化为战略职能为主，并继续履行监控职能，帮助特别管理机构行使全面的战略、执行、监控职能，直到会展活动管理运行恢复正常。

5.2　日常监控

日常监控是对于经分析所确定的会展风险诱因进行实时监控的管理活动。其任务一是日常对策，二是风险模拟。日常对策是预警预控会展活动风险事故征兆的不良趋势，逐渐使之向良性趋势扩展。风险模拟是在日常对策活动中发现难以控制某些不良波动时，假想和模拟可能发生的风险状态，据此提出对策方案，防患于未然。

① 现场组层次　现场组通过现场实录数据了解参数变化趋势，再现典型的会展活动现场过程，特别是本活动管理组的管理过程，可以分析管理的得失和现场组的协调配合，从而有效地提高现场人员的管理技能和现场组的工作效能。

② 会展企业层次　根据数据的综合分析结果可判断公司的风险形势和发展趋势；可帮助发现公司的不足之处，决定安全投入的方向和力度。对现场组的管理和现场活动的状态实现持续监控，还可帮助改进现场管理人员的训练工作，提高现场管理工作的效能。

预控对策系统对战略管理和执行管理进行监督、控制和纠错，其职能包括常规监控、综合监控和风险监控。常规监控是会展活动主办方组织内部日常性的单指标的技术性监控，在现有组织系统中已被确定。综合监控是指在监控会展活动组织内外不利因素对会展风险状态交互作用的预控，是对常规检测的职能进行整体化与综合化的系统监控。风险监控是指在监控会展风险状态恶化趋势的控制事故发生的一种特殊监控，它同时涉及会展组织管理系统的战略管理层和执行层。

【案例5-2】　展出兵马俑系仿制品

(1) 展览公司以假乱真

馆长沃尔夫•科普克表示，在当初与"中国艺术文化中心"签署的合同上明白写着，该展览公司应向博物馆提供"真正的兵马俑展品"。而现在居然全变成了仿制品，科普克教授气愤地说："'真品'和'正品'在字典里难道不是同一个意思吗？我们已经找来了律师，看能采取什么手段要求赔偿。"

(2) 博物馆难辞其咎

博物馆方面的说辞，显然并不能让人满意，德国媒体普遍指出，既然是如此重要的展览，博物馆方面为何不直接与中国方面接洽，而是通过一家资质值得怀疑的文化公司？博物馆馆长承认，在这次展出的整体过程中，都没有直接与中国文物部门接触过。

(3) 只有陶土是真的

之前"中国艺术文化中心"的发言人格里姆一直坚称，所有这些"兵马俑"出入境手续都齐全。但后来他也承认这些展品是由其中国的合作伙伴"制造"的。他还狡辩说，合同中的"真实"指的是使用与真兵马俑同样的陶土，按照原始大小制作的。

资料来源：文汇报（2007-12-14）

5.2.1　行业监控体系

会展风险预警中心负责会展风险事故预警系统的开发和管理，与会展企业、场地和保安公司的局域网联网，形成会展风险事故预警监控网络。会展企业、场地和保安公司的会展风险预警子系统独立工作，同时互相联网，信息共享，详见图5-4。会展行业协会、国家安全局、公安部、消防局等部门，经地区会展协会管理局及会展企业授权，可采用因特网浏览器

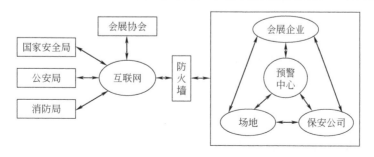

图5-4　会展风险预警系统监控网络图

对会展活动风险事故预警系统进行访问。

5.2.2 企业监控体系

会展企业三级预警监控网络包括：一级预警监控（决策层），即对管理层、行为导因层和行为层直接监控或逐级监控；二级预警监控（管理层），即接受会展风险管理委员会监控和对各部门实施运行预警监控；三级预警监控（行为导因层和行为层），即接受管理层或决策层监控并对一线及岗位直接或逐级监控。其体系框架如图5-5所示。

三级风险预警监控网络在传统风险监控体制的基础上，将"风险关口"前移到"保证运行质量"，对运行质量实行严格监控。它着眼于预防，而不仅仅被动应付事故，并为预警管理获得客观数据提供条件。

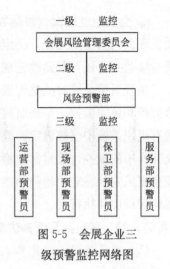

图 5-5　会展企业三级预警监控网络图

5.3　责任体系

5.3.1　行业责任体系

会展风险管理实行部门一把手负责制，并按照行政管理关系建立会展风险控制委员会，由会展主办方、场地提供方、行业管理中心等单位的主管安全领导和安全机构的有关负责人组成，形成行业协会、会展主办方、场地提供方的三级安全监察管理机构。

（1）风险监察与管理机构职责

① 监督检查各组织部门执行有关会展风险管理的各项规章制度情况，落实安全保障措施。

② 及时掌握各单位的安全形势，监督检查风险事故的调查和处理，并提出安全指导意见。

③ 制定有关会展活动安全运营的规章制度。

④ 组织风险事故的调查。

⑤ 组织新会展形式、新场地、新设备的安全检查。

（2）安全监察管理机构的权力

① 有权立即停止使用危及安全的设备和人员。

② 有权要求有关部门对影响安全的问题进行处理、采取措施、限期解决。

③ 有权要求有关部门报告风险情况，提供相关资料。

④ 有权要求有关部门对违章、失职的当事人和事故责任人进行处理。

会展协会通过分析行业的风险形势及发展趋势，制定相应的标准、程序和规章，完善会展法规、优化场地、改进场地搭建物和临时设备等重大决策依据，为会展风险控制提供支持政策和法则保证。

5.3.2　企业责任体系

（1）会展主办方预警管理部门的职责

① 风险预警部的职责　风险预警部主要负责对会展风险管理失误的监测、诊断、矫正及提出预控对策；同时设置预警监控档案，总结分析经验或教训；培训员工接受失误判识与

预防方面的知识，提高其应变能力；进行风险模拟，设计风险管理方案供决策层在特别情境下采纳。

② 风险控制领导小组的职责　风险控制领导小组的主要成员由预警预控系统中的主要职能部门负责人组成。其负责人应当是在任何条件下能真正实施指挥的人，必须依赖预警预控系统的人员来开展工作。领导小组的工作实行集权式管理，它只向会展主办方董事会或企业管理委员会负责，并"接管"会展主办方原领导层的指挥职能。在会展风险管理恢复正常状态后，领导小组随之撤销，特别管理机构亦解散。

③ 特别管理机构的职责　在陷入风险状态下，由风险控制领导小组指定组建特别管理机构，由会展主办方内各部门中能够继续履行指挥权的中层干部参加，其任务是执行领导小组的指令，并主要履行以下职责：

　　a. 定期报告会展主办方的现时状态，提出缓解现时风险状态的技术方案；

　　b. 对会展主办方风险的发展及其后果进行预测，提出中长期的对策方案；

　　c. 指明风险形势下最不稳定的会展活动领域；

　　d. 训练会展主办方全体成员对风险的心理适应能力和行为应变能力；

　　e. 总结风险状态下经验与教训，提炼归纳并输入预控对策系统中的对策库中。

【案例 5-3】　风险预防——参展商合同

国际会展管理协会（IAEM）为会展制定展示标准，会展管理者可以据此为自己的会展制定展示规章制度。参展商合同中最常见的准则是对潜在风险的预防。如对于在会展中发生的偷窃、损坏、遗失和破坏等情况，会展管理方是否负有限责任还是不负任何责任，都要在参展合同中清楚地说明。为了避免被参展方误解以及随后的纠纷和可能发生的诉讼，合同中应以某种形式包括不承担责任条款，亦即注明作为会展管理方，保留修正和解释合同中的条款、条件和限制的权利，因为这有利于保障会展的成功和推进主办方的意图。

资料来源：莫罗，桑德拉.L. 会展艺术：展会管理实务. 武邦涛译. 上海：上海远东出版社，2005

（2）场地提供方风险管理部门的职责

① 与会展活动直接相关的部门　风险预警部：协助上级贯彻、执行有关会展风险方面的法律、法规和规章制度；负责监督、检查指导和协调会展安全保障部门的会展安全工作；参与会展风险事故调查；检查各部门开展会展风险教育情况；及时了解掌握活动风险和地面安全保障情况，负责会展风险事故、事件的统计和会展风险信息情况通报。其新职责是行使对场地风险管理失误监测、诊断、矫正及对策职能；设置预警监控档案，总结分析经验或教训；培训员工接受失误判识与预防方面的知识，提高应变能力；进行风险模拟，设计风险管理方案供决策层采纳。

安全检查站：负责对进入活动区域内的人员及携带物件、参展物件等进行安全检查，防止危及会展安全的危险品、危禁品进入会展场所，保障会展场所及其参与人员、财产的安全和会展活动的正常运转。

活动保卫部门：负责对进出活动场地的监护，控制区及通道的守卫，驻场有关单位的安全警卫与巡逻，场所主要交通通道的护卫，停车场的管理。

紧急救援部门：负责应急救援工作，活动区域内卫生防疫工作和有毒有害工种职工的健康监测管理工作；紧急情况下的消防救援工作。

现场指挥中心：保障活动现场的指挥、协调、监管，保证会展活动安全正常。负责接收现场保安部门的活动信息，负责现场进出人员流量信息的通报；现场进出人员流量信息的广播、电子显示；监督检查停车场及设施设备的技术状况；监督检查车辆、人员的运行秩序和急救设备摆放的管理；人员进入现场的引导服务；活动正常性的监管；协调各保障部门工作关系，处理和裁决现场保障工作各操作工序之间发生的矛盾；参与活动区域发生的事故调查；紧急救援工作的组织与指挥。

② 与活动安全间接相关的部门　包括组织、人力资源、财务、物资供应等部门，这些部门在会展现场的安全中起辅助作用，为各个部门顺利执行安全任务提供了保障。

【案例5-4】　风险抑制——降低火灾损失

在会展期间，以下列举的内容可以帮助会展管理者在发生火灾时减少生命和财产的损失，从而降低火灾风险。

① 检查烟尘报警器，并且确认已经安装了不同类型的烟尘报警器。有效的烟尘报警器能大大增加人们从火灾中逃生的机会。

② 根据会展参与者的情况制订火灾疏散计划。确保疏散计划对残障人士适用，使所有在场人员都能理解警报并按照指令行事。

③ 对防火及疏散计划进行模拟演习并开展实际训练。确保在不同条件下进行演练，比如，如果火灾发生在夜晚，人群疏散计划和白天的部署有什么不同？

④ 确保被疏散者和消防队员对通道的情况了如指掌。消防部门是否有一个清楚、准确的地图，以帮助他们了解出事地点、要使用的疏散通道以及消防设施的位置。

⑤ 确保楼梯有标志。是否已经明确说明在发生火灾的情况下严禁使用电梯？

⑥ 制订一个火灾控制列表，并定期检查下列资源是否能正常使用：自动喷水消防系统；烟雾探测器；灭火器的水枪；车道/人行道的布局图；可资利用的水资源。

⑦ 复测试警报系统。要在嘈杂的人群中听到警报，音量需要多大？

⑧ 制订备用电源计划。如果你需要额外的电源，如何得到？如果停电或者电源被切断，有什么备用电源？是否有应急发电系统来确保火警报警器、电话通信、风扇、出口标志、消防泵、消防队员乘坐的电梯，以及应急照明能够正常运作？

⑨ 明确火灾发生后如何标注逃生路线。

⑩ 把防火计划融入应急医疗小组计划中。应急医疗反应小组是否熟悉防火计划？双方的地图和指示说明是否相同？相互之间如何沟通协调？是否清楚了解紧急情况下的行政管理系统及由谁来负责？

⑪ 如何处理吸烟问题，是否有吸烟控制系统？

⑫ 了解电话的位置，及时通知消防部门。

资料来源：莫罗，桑德拉.L.会展艺术：展会管理实务.武邦涛译.上海：上海远东出版社，2005

5.4　控制机制

（1）加大前馈控制力度，从源头消除会展风险产生的各类诱因

① 进行会展风险评估　目前在改革力度不断加大的过程中，难免存在各类深层次矛盾，

而这些都有可能构成在会展举办期间，引发公共风险事件的直接或潜在因素。因此，在举办会展活动的前期，要充分摸底，应该把所有可能对公众安全造成潜在威胁和引发公共风险的事件一一列举出来，并从公共风险管理的角度加以分类，考虑其可能造成的后果，设计应对预案，估计预防所用的资源，并对这些信息及时更新。要对现有社会存在的公共安全状况进行评估并提出相应的处理对策，针对此类有可能引发的会展风险进行预警和评估，做到未雨绸缪、防患于未然。对罗列出的会展风险进行排序，按照紧急、重要、次要等级有针对性地开展演练。

② 完备会展风险教育培训体系　会展风险管理中政府与民众的良性互动是化解风险的关键。通常情况下，公众是受会展风险直接威胁的对象。因此，公众的生命和财产安全便成为政府风险管理最为重要的内容，而公众自身的风险意识、风险预防能力和风险应对水平便成为决定政府风险管理质量的重要因素。有效的会展风险控制需要以政府为主体，建立起有效的动员机制，发动国内和国际社会各种力量共同参与会展风险的管理。会展风险管理中社会整体的内在有序和恢复能力，不仅来源于专门性风险管理机构的运作，也取决于全民的风险意识和能力。作为政府反风险战略的一部分，政府在平时要积极有效地通过警示宣传、自救互救培训、学校教育、社会演习等各种方法和手段，最大限度地增进社会整体应对风险的能力。因此，首先要建立通过针对会展活动的组织者和活动人员的培训制度，严加落实，使其对相关法律、法规及危急时刻的求生、救生常识有充分的了解；其次要有针对广大参与群众的应急知识宣传，增强广大民众的风险意识和应急行为常识。

③ 进一步明确各部门职责　在筹备会展活动的同时，将现在由政府实际承担的行业管理职责分阶段地逐步完成转型，在转型的过程中，要加强以公安为首的各部门的力量投入。例如，活动举办前期公安应协同规划、消防等部门针对场所进行有效的分析，包括建筑物中封闭及半封闭场所需要对容量、出入口及通道流及疏散能力等要素进行分析；公安交警部门应会同交通部门分析人员、车辆的合格性，此外，还需根据人流、容量情况等分析其运行路线，作业规定，从而确保会展期间的良好交通状况。

④ 加强应急管理的后勤保障　会展常存在场所不确定性的特点，往往需要依据不同的活动内容，安排不同的场所；有的是临时搭建的活动场地，有的可能是临时租用的场地，如果会展主办方忽视风险、公安机关又监督检查不力，则容易发生活动现场设施塌陷、坠落事故，造成人员恐慌，导致挤压、伤亡事故。在活动过程中也有可能由于各种矛盾的激化，导致群体性事件的发生等。一些展会的场地搭建得非常简陋，狭窄的过道是引发火灾的隐患处，所以需要及时地在事前做好准备，积极排除危险的同时，还得备好如医药箱、消防栓等工具，以备不时之需。

【案例 5-5】 北京奥运会的风险管理

(1) 场馆

① 成本超支：调整订单管理；明确应急机制和保险安排各自的作用；考虑环境保险责任范围；考虑 OCIP 的执行。

② 建设时间进度表：建立多个实体责任之间的网络图；建立合作关系——高效的合作关系有利于优化组合各个公司的资源；建立充分的项目职业责任保险需求；承包人定向；协作实施事故报告和调查工作。

③ 公共/个体合伙人：调整业主/使用者的预算以及规划的需求；为工程延期购买保险。

④ 屋顶——设计、安装：承包商提供担保；履约担保；承包商购买项目职业责任保险。

⑤ 合同/契约：结合保险保障实行审核，提出建议。

⑥ 通道：建立一个委员会或特别小组负责残疾人通道；购买项目职业责任保险。

⑦ 观众、运动员、来宾等人员受伤：建立现场安全程序；完善风险分析；建立并测试应急机制。

⑧ 物质损失：场地勘查和记录系统；重新审查出租人和承租人的情况；需要施工方的风险保险；利用"自动放弃代位求偿"条款。

⑨ 包厢责任：完善生命安全评估。

⑩ 供暖通风设施：需要项目职业责任保险；需要承包人污染责任保险。

⑪ 声、光问题：需要项目职业责任保险。

（2）应急计划

完成"影响分析"；危急事件的决策和确认；制订出一份一体化的应急计划实施方案；制订应急计划；应急计划实施方案的培训。

资料来源：http://www.finance.sina.com.cn

（2）强化实时控制

会展风险发生后，政府应立即启动风险应急预案，让会展风险管理专职人员去应对已经发生的各类会展风险，这样做有的放矢，可以把风险隔离，不让其蔓延到整个社会范围。预案规定的突发事件处理小组，要在第一时间进行会展风险的响应、处理、恢复、跟踪工作，在注意保护可追查线索的基础上调查事件的起因和症状，加强防御，进行漏洞分析，铲除事件的源头，在最短的时间内修正系统，使整个社会正常运行，并加强监控系统，提交详细的事件记录和跟踪报告，做到透明化处理。在这一阶段要特别注意开展公共风险公关。首先，政府的主要领导介入，以确保会展风险应对工作的权威性、强制性，有利于政府内部各职能部门、成员之间在应对公共风险时的协调运作。在必要的时候，由政府主要人物出面担当公共风险应对的领导，保证政府和外界保持畅通的交流，表明政府应对公共风险的信心和决心，维护政府在社会公众中的地位和形象。其次，妥善使用新闻媒体。新闻媒体是公共风险管理部门的主要合作对象。当公共风险出现时，决策者应该在公共风险信息调查和准确预测基础上迅速作出决策，以稳定秩序。另外，要合理调度人员。在处理那些因食物中毒和工业技术（如危险物品等）而引起的公共风险时，应让专业技术人员加入公共风险管理的队伍，用科学的方法应对公共风险，避免因得不到专业人员的支持而加速公共风险的蔓延或引发新的公共风险。具体而言，比如会展活动举办期间，展销会上发生的盗窃等违反治安秩序的事件应该由警察第一时间控制现场，维护秩序；而副食品展会中发生食品卫生风险事故，则应该由卫生部门包括医疗人员进行现场救助，质监等部门进行食品检测，从而及时消除风险。

（3）重视反馈控制

每次的会展活动结束后，应对预案的内容予以详尽的评价，针对管理实际开展情况加以修改完善，并分类存档，以便下次开展类似的会展活动时有个依据，并且按照现实的活动改进和增加新的管理措施和手段，从而提高预案的可行性和可操作性。例如一些珠宝展，在热点展位容易发生拥挤踩踏问题、防盗问题，解决方案则可以增加保安数量，用广播、文字等方式提示参观者看管好自己的物品；此外一个很有效的方法就是减少热点展位的场内活动，这样可以通过减少人群的拥挤程度来减少盗窃、踩踏发生的可能性。同时，将下一次类似的管理活动前期的准备工作予以落实。许多会展风险管理工作，已经暴露出了许多不完善之处，但每次活动开始前仍然按照陈旧的思路，重复地制订安全保卫计划。

本章小结

组织准备包括对会展风险控制而制定与实施的制度、标准、规章，它服务于会展风险管理过程，为预控对策活动提供组织保障。组织准备一是确定会展风险管理的组织构成、职能分配及运行方式，二是为风险状态下的会展风险管理提供组织训练和对策准备。日常监控是对于经分析所确定的会展风险诱因进行实时监控的管理活动。其任务一是日常对策，二是风险模拟。日常对策是预警预控会展活动风险事故征兆的不良趋势，逐渐使之向良性趋势扩展。风险模拟是在日常对策活动中发现难以控制某些不良波动时，假想和模拟可能发生的风险状态，据此提出对策方案，防患于未然。预控对策系统对战略管理和执行管理进行监督、控制和纠错，其职能包括常规监控、综合监控和风险监控。常规监控是会展活动主办方组织内部日常性的单指标的技术性监控，在现有组织系统中已被确定。综合监控是指在监控会展活动组织内外不利因素对会展风险状态交互作用的预控，是对常规检测的职能进行整体化与综合化的系统监控。风险监控是指在监控会展风险状态恶化趋势的控制事故发生的一种特殊监控，它同时涉及会展组织管理系统的战略管理层和执行层。会展风险控制机制主要包括会展风险评估、完备会展风险教育培训体系、进一步明确各部门职责、加强应急管理的后勤保障和强化实时控制、重视反馈控制。

复习与思考

1. 会展风险控制的组织准备包括哪些方面？
2. 简述会展风险控制的行业组织方式。
3. 简述会展主办方在风险控制中的职能分配。
4. 如何建立会展风险预警中心？
5. 简析会展风险控制的企业责任体系。
6. 结合实际，论述如何建立本地区会展风险控制的有效机制。

🔲 **案例分析：** 谁主办、谁负责

2005 年 9 月 9 日，北京市人大常委会第 22 次会议审议通过了《北京市大型社会活动安全管理条例》（以下简称《条例》）并于 2005 年 11 月 1 日正式实施，成为北京市一部专门管理大型活动的地方性法规。

1999 年以前，北京市对大型活动的安全管理没有专门的法规依据，具体工作中执行的是 1984 年北京市政府下发的《关于加强大型群众文化体育活动安全工作的通知》和 1986 年北京市政府下发的《关于展览展销安全保卫工作的暂行规定》。随着形势的发展，北京市政府于 1999 年出台了《北京市大型社会活动治安管理规定》（即常说的北京市政府 33 号令）。

北京市政府 33 号令的出台，将大型社会活动治安管理工作纳入到有章可循的管理轨道上来；规定了大型活动安全管理工作实行"谁主办、谁负责"的原则。在 33 号令颁布的 5 年之后，随着北京会展经济的发展和大型活动的日趋攀升，需要有一部地方性法规来调节大型活动的管理工作，于是《北京市大型社会活动安全管理条例》应运而生。

北京中国国际展览中心是北京国际车展双年展的举办场馆，据主办方统计数据，前两届国展中心一天参观人数最高峰值为 10 万人，而北京市公安局大型活动处的监测值则为 13 万人，这么多人集中在国展中心相对狭小的空间里，可以说是人挨人、人挤人，安全风险非常大。这种情况下安全显得尤为重要，展会主办方要以安全为底线，在此基础上得到相应的效益，发展会展经济。

在北京国际会议展览业协会联谊会上，北京市公安局治安管理总队副总队长曹东祥向各协会成员介绍了该条例的有关情况和举办会议、展览、节庆等活动的机构要注意的问题。

市场经济下的责、权、利应当统一。在市场经济条件下，主办方通过组织活动得到相应的经济利益、社会声誉而不去承担活动安全的责任，把安全问题推给国家公安机关是行不通的。公安局作为国家安全机关有对大型活动进行监督管理的义务。《北京市大型社会活动安全管理条例》在《北京市大型社会活动治安管理规定》的基础上，结合大型活动的发展特点和当前形势的需要给予了丰富和发展，首次明确了安全第一、预防为主的方针及谁主办、谁负责的原则。进一步明确了大型活动主办者、承办者、场所提供者的安全职责以及公安、安全生产、消防、交通、质量技术监督等政府职能部门在大型活动安全工作实施监督管理的职责任务，体现了市场经济条件下责、权、利的统一。同时，也首次提出了参加大型活动人员应当遵守的规定，充分体现了大型社会活动以安全为本、以人为本的理念。

该条例进一步明确了大型社会活动的概念即主办者租用、借用或者以其他形式临时占用场所、场地，面向社会公众举办的文艺演出、体育比赛、展览展销、招聘会、庙会、灯会、游园会等群体性活动。如果符合该定义的活动都要到公安机关做安全许可。人数界定由原来 33 号令规定室外 100 人、室内 500 人的大型社会活动就必须进行治安登记，调整为以 1000 人为界，1000 人以上的活动要依法到公安机关进行安全许可，如果不能预测到场人员数目则按 1000 人处理，也要到公安机关登记。

主办方对大型活动安全负责。该条例中明确规定："大型活动的安全工作，坚持安全第一、预防为主的方针，按照谁主办、谁负责的原则，由主办者对安全工作全面负责"。同时对一个活动有主办者、协办者和承办者的活动，以通过签订安全责任书的形式明确职责和任务，便于安全监管机关有针对性监管。主办方作为大型活动安全问题的主要承担者在举办活动时需要做以下工作。

① 对活动进行安全风险评估，根据风险评估结果制订具体工作方案。例如，专业展的防盗问题，汽车展的热点展位防范拥挤踩踏问题、防盗问题。解决方案则可以增加保安数量，用广播、文字等方式提示参观者看管好自己的物品，减少热点展位的场内活动等。

② 建立并落实安全责任制度，即对活动的各工作人员进行排班，确定岗位，把研究的东西落实到纸上，以便出事后追究相关责任人责任。

③ 事先研究好展会配备的专业的安保人员，包括（社会）保安人员、场馆工作人员、警察，明确主办者对于这些力量的调动权利。

④ 为活动安全工作提供必要的物质保障。把活动中安全物资的需求一并纳入活动组织

筹备资金当中。

⑤ 组织实施现场安全工作，开展安全检查，把纸上工作落实到实际操作中。

⑥ 对参加大型活动人员进行安全教育，背对活动现场，面向社会群众。在大型社会活动举办过程当中要开展安全宣传工作，如提醒参观者到正规渠道购买门票。

⑦ 接受公安机关的监督和管理。场地方要提供安全场所，场地方提供的场所必须是安全的，符合国家建筑标准、防火标准，经过年度检验是合格的。场地方还要如实提供展馆面积、门数等基本数据。

⑧ 要确认场地内安全标志是否合格。

⑨ 场地方在必要的情况下要向主办方提供入口地段的强制性缓进通道。安全门、安检设施等场地方也应当提供。

⑩ 向主办方提供应急的广播、照明系统。同时要确定系统运转正常并有相应工作人员负责操作。

⑪ 场地要提供活动相应的停车位，不得挤占。

⑫ 保证大型安全防范设施与大型活动安全要求相适应。专业展与综合类展会对相应设施要求会有所不同。如在北京中国国际展览中心举办车展，为防止假票，国展中心投资安装电子门禁系统；由于门口人多，安装强制通道等。

承办方与主办方要签订安全协议书，就主办方认为可能发生又无力去做，而协办方、承办方又能够做到的问题要以协议书的形式固化。同时，主办方要对协办方、承办者履行合同的情况进行检查，这样才能保证双方的权利与义务相协调。

讨论题

1.《北京市大型社会活动安全管理条例》是如何体现会展风险控制的？

2. 请分析会展活动以安全为本和以人为本的理念的重要性。

6 会展风险转移

【学习目标】

学完本章，你应该能够：

1. 了解会展风险的保险转移；

2. 掌握会展风险的非保险转移；

3. 熟悉会展风险自留。

【基本概念】

保险　会展免责约定　风险自留　承担风险　自保风险

6.1 会展风险的保险转移

6.1.1 保险

在日常生活中，"保险"往往被理解成稳妥、有把握的意思。比如，把钱放到保险箱中很"保险"，是指丢失的可能性不大；把钱存入银行比投入股市"保险"，是指遭受损失的可能性较小。但我们这里所说的保险是一种风险损失转移机制，是一种通过转移风险来对付风险的方法。保险的应用得到了很大的拓展，被应用在包括会展在内的许多领域。关于保险的概念，可以从多种角度来认识。

（1）从经济学的角度

保险是指集合同类风险分担损失的一种财务安排。通过保险，少数不幸的被保险人的损失由包括受损者在内的所有被保险人分摊。台湾省著名学者袁宗蔚先生对保险的定义是："保险者，为确保经济生活之安定，对特定危险事故发生所致之损失，集合多数经济单位，根据合理计算，共同酬金，以为补偿之经济制度"，因此保险属于经济范畴，是一种经济制度。

（2）从法学的角度

从法学的角度保险是一种合同行为。保险是指合同双方当事人约定、一方向他方交付保费，他方承诺于特定事故发生后，承担经济补偿责任的一种合同。该定义明确说明了保险是一种合同行为，双方在法律单位平等的基础上，经过自愿的要约和承诺，达成一致意见并签订合同。投保人通过履行缴付保险费的义务，换取保险人为其提供保险经济保障的权利，体现了民事法律关系主体之间的权利和义务关系。

（3）从风险管理的角度

从风险管理的角度而言，保险是一种风险转移机制，通过这一机制，众多的经济单位结合在一起，建立保险基金，共同对付不幸事故。面临风险的经济单位，通过参加保险，将风险转移给保险公司，以财务上确定的小额支出代替经济生活中的不确定性。而保险公司则根据概率论中的大数法则，将众多面临同样风险的经济单位组织起来，按照损失分摊的原则，建立保险基金，使整个社会的经济生活得以稳定。因此保险有"社会稳定器"之美称。

综上所述，保险这一概念有以下要素。

第一，可保风险的存在。保险是基于风险的客观存在而产生的，无风险则无保险，而且保险只承保特定的风险事故。某一具体险种总是为相应的风险所设立的，订立保险合同之时，必须约定以某种风险事故的发生为给付保险金的条件。因此，可保风险的存在，是构成保险的第一要件。

第二，众多风险单位的集合。保险是通过集合风险实现其补偿职能的，即由多数人参加保险，分担少数人的损失，因此，保险以多数经济单位的集合为必要条件。当然集合多少经济单位，一般并没有一个具体的数量规定，但必须以收支平衡为最低保险基金，即应与支出的保险金总额保持平衡。

第三，保险费的厘定。保险费是投保人将风险转移给保险公司所应支付的代价，因此，保费必须与所转移的风险相对称。一般来说，保费与保险公司所承担的保险金额有关，保险金额越高，保费越高。另一方面，保费与风险事故损失率也有直接关系，风险事故损失率是通过对某种业务长期损失的统计分析而得到的，损失率越高，则保费越贵。另外，保费的计算还应该考虑风险因素的性质，还要依据概率论和大数法则原理进行科学合理的计算，力求公平合理。

第四，保险基金的建立。保险的分摊损失与补偿功能是建立在具有一定规模的保险基金基础上的。无论是社会保险还是商业保险，都离不开用法律秩序认可的形式集中保费建立保险基金，这是保险正常运行的经济基础。保险基金是仅用于补偿或给付由自然灾害、意外事故和人生自然规律所致的经济损失以及人身损害的专项货币基金，具有专项性、增值性、来源的分散性和广泛性等特点。

第五，保险合同的订立。风险的最基本特征是不确定性，这就要求保险人与投保人应在确定的法律和契约关系约束下履行各自的权利与义务。倘若不具备在法律上或契约上规定的各自的权利与义务，那么，保险经济关系便难以成立。

【案例6-1】 一屁股坐坏名车

在F12006赛季上，雷诺车队依靠车手阿隆索和性能优异的雷诺R26赛车，从法拉利车队的车王舒马赫的告别赛上夺取了车手和车队年度总冠军，这辆被封为"双冠王"的雷诺R26赛车风光无限。

同款车型在北京国展中心的车展上展出，一时成为焦点。在当天的车展即将结束前20分钟，一名小伙子忽然兴奋地窜上展台，欲与赛车合影。而赛车另一侧的模特还未来得及阻止，小伙子就一屁股坐在了赛车车身上，不料"喀嚓"一声，赛车进气口上方的车体应声而裂，小伙子和工作人员顿时都傻了眼。

之后，小伙子胆战心惊地被警方带至派出所做了笔录，随后垂头丧气回了家。有媒体称被坐坏的雷诺车价值3000万美元，也有称价值上千万人民币。小伙子算算自己打工一百年也未必赚到这辆赛车的钱，将来的日子怎么过？

正当小伙子忧愁万分时，雷诺公司发言人宣布，该车的所有的赔付将由保险公司包揽。自然这个肇事的小伙子如释重负。

资料来源：http://www.insurance.cnfol.com

6.1.2 会展保险的作用

（1）补偿风险损失

保险的根本目的是，当被保险人遭受不可预期的损失时，保险人按保险合同向被保险人提供经济补偿，使被保险人在最短的时间内恢复生产和经营以及正常的生活秩序，从而解除了人们在经济上的各种后顾之忧，保障了人们正常的经济生活，促进了社会的稳定。因此，保险作为一种有利于社会安全稳定的制度安排，渗透到经济的各行各业、社会的各个领域、生活的各个方面，在参与社会风险管理、减少社会成员之间的经济纠纷、完善社会保障制度、维护社会稳定等方面发挥着积极作用，具有经济补偿和社会管理功能。会展业风险的一个显著特点就是短时间内聚集大量人流，一旦发生意外，受影响面大，如果缺乏保障机制，极易影响民心，造成社会动荡。比如，当年面对严峻的"非典"疫情，包括会展业在内的多个行业遭受打击严重，如果事前会展业已经投保，得到了经济补偿，则可以大大稳定整个行业的信心。相反，"滚石"演唱会虽然也因"非典"被取消，但因投保了人保的公众责任险及其附加险偶发事件险，得到了 250 万元的赔款。这一鲜明的对比让我们认识到保险在会展活动中的必要性。

（2）增加行业竞争点

近年来，迅猛发展的会展业存在的问题确实不少，包括多头审批、重复办展、竞争无序、法律滞后、从业人员素质良莠不齐、缺乏行业自律等。因为主办方的原因，收取参展费后突然取消展会的事例也屡见不鲜，这就导致参展商对会展主办方普遍缺乏信心。对于一些规模小、成立时间不长的展览公司来说，获取展览商的信任还需付出一番努力。这种情况下，如果主办方投保了类似活动取消险的险种，首先，如果保险公司承保，也就表示认可了主办方的信誉，给参展商以信心；其次，即使展会被撤销，保险公司也会对这一损失给予补偿。因此，展览公司可通过向保险公司投保，增加在行业中的竞争力。

（3）转移风险

在 2004 年的密云灯展踩踏事件中，主办方并没有投保公众责任险，最后受害人及其家属得到了一笔救助资金。这笔救助资金的来源，主要来自于政府，还有一部分来自于社会捐助、红十字会、慈善机构等。每人 12.08 万元，包括 9 万元的政府抚恤补偿金、1 万元的红十字会捐赠和 2 万元的慈善机构捐赠。从法理上讲，政府在一些公共事件中，确实存在过失责任，但是，更多的情况下，政府是一种间接责任。民事赔偿义务人应当是直接责任人。实际上，因为事先没有主办方投保，受害人及其家属无法通过商业手段得到补偿，政府只能扮演最后责任人的角色。当然，有时候，间接责任与直接责任并不是一目了然，泾渭分明，这也是需要研究的。但是，更多情况下，应该通过投保这种合理的商业手段来转移风险。有了保险的运作，使参加保险的企业和个人大大减少了风险带来的种种不确定性，借助于保险，各行业的风险可以较少的代价转移给保险公司。保险在这方面的重要性，著名管理学家 Peter F. Drucker 有过精辟表述："商业时代最伟大的成就之一，就是将许多实质风险转换为能够预测和能够对付的某种东西。可以毫不夸张地说，如果没有保险，工业经济将无法运行。"

【案例 6-2】 公众责任险

第九届中国北京国际科技产业博览会作为一年一度的高新技术产业国际盛会，爆出一大亮点，即组委会为本次科博会所有参观人员投保了高达 2000 万元的公众责任险。按照国务院发布的《国家突发公共事件总体应急预案》的指引，借鉴发达国家举办大型会展的成功经验，第九届北京科博会组委会委托中盛国际保险经纪公司对科博会的主会场以及场馆安全现状进行了全面查勘和评估，对可能出现的各类突发事件编制了紧急预案。在此基础上的公众责任险更表明了主办方的良苦用心。按照科博会组委会办公室主任、北京贸促会会长周茂菲的说法，由于科博会具有参展人数众多、海外来宾规格高、影响范围大、波及面广等特点，因此，实施全面的风险管理，不仅为防范风险、减少损失、确保安全的风险管理工作提供一种全新的模式，而且对国内会展经济的可持续发展也将起到良好的示范作用。

6.1.3　会展的保险需求

会展业面临如此多的潜在风险，必然需要以经营风险、补偿损失为己任的保险业为其化解风险、保驾护航，为其提供全方位的保险服务，确保其健康发展。这将给商业保险带来无限商机，其潜在市场巨大，有待业界积极参与和开拓。

（1）会展场馆及配套设施建设中的保险需求

良好的场馆及完善的道路、通信、交通、食宿、仓储、金融等配套设施，是办好各种会展的基本条件，其投资往往达数十亿元以上。再加上与此相关的城市路网建设，旧城改造、交通、服务等设施建设，总投资更是数以百亿元计。这将给建筑工程保险、安装工程保险、建筑人员意外险、雇主责任保险、公众责任保险、工程延期保险等带来丰富的保源。

（2）会展场馆及配套设施运营中的保险需求

对已投入使用的众多会展设施，由于诸多风险的存在，将会对财产综合保险、设备损坏保险、会展设备安装与拆卸保险、公众及雇主责任保险、策展人责任保险、营业中断利润损失保险、人寿保险、人员意外险及医疗保险等产生较大需求。

（3）参展物流的保险需求

会展举办地多为国际影响或者区域性的大型中心城市。其区位优势、巨大影响及高额利润的驱使，必将吸引众多国家和地区参展，继而形成巨大的国际、国内物资大流动。而物资流动的高风险，必然产生对运输工具保险、运输货物保险、仓储物资保险、展品安全保险、产品责任保险等的保障需求。

（4）巨大人流的保险需求

层次较高、规模较大的会展，尤其是国际性会展，通常吸引各参展国家与地区数以万计的政府官员、参展商、企业家、文艺工作者、游客等前来，形成规模空前的巨大人流。而其面临的自然灾害、意外事故，尤其是人为破坏等风险，将给人寿保险、人员意外险、医疗保险、旅游保险、责任保险等带来巨大市场。

（5）经贸与投资洽谈中的保险需求

在持续数天甚至数月如世博会的会展期间，各种经济贸易与投资洽谈活动等将会频繁举行。而其中的信用风险、投资风险却很大，按照国际惯例，需要商业保险为其提供保障服务。从而给出口信用保险、履约保险、投资保险、再保险等带来很多商机。

（6）环境安全的保险需求

环境安全事关各种会展的成功举办，其国际影响也很大，有关方面必然会对公众责任保险、食品卫生安全保险、环境责任保险、犯罪行为保险等产生较大需求。

总之，会展业风险大、商机多、盈利丰厚，前景看好，但并未引起保险界的足够重视。目前，能为会展业提供一流全面服务的保险公司及中介机构很少，开办的险种也仅有财产保险、展览会责任保险等。这很难满足会展业发展的保障需求，也制约了保险业的全面发展与社会功能的发挥，亟待认真调研，制定有效对策，积极拓展会展保险市场。

6.1.4 会展保险的险种

(1) 展品保险

展品不同于普通财产。有的展品是珍品或孤品，价值连城；有的展品的价值有时效性，会展期间的价值与会展结束后的价值不同。因此，若能开发出符合展品特点的展品保险，一定会受到广大参展商的欢迎。展品保险属于特种财产保险，其保险金额宜采用定值保险的方式来确定，而其保险期限通常就是展览期限。另外，在设计保险合同条款时，应适当减少附合性条款，同时增加协商性条款的比例，以适应不同展品的个性化保险需求。

(2) 观众意外伤害保险

现代会展的一个显著特点是观众的参与性。观众在参观展览时，不光用眼睛看，用耳朵听，而且还要动手操作展品，以全方位地感受观展的效果。然而，这样做的负面效应就是有可能在参观过程中遭受意外伤害。因此，有必要设计一种观众意外伤害保险。这是一种特种意外伤害保险，主要承保观众在操作展品时，因意外事故而遭到的人身伤害。由于其保险期限一般较短，所以保险费也会较低。此保险可由观众在购买参观票时自愿选购，或者有需要的参展商自行选购。

(3) 策展人责任保险

会展运作的先进模式——策展人制度在我国开始试行，策展已经成为我国的新职业。然而，正像律师、设计师等职业一样，策展人的活动过程中也包含着风险，他们工作中的失误，会给参展商及其他利益相关者带来经济损失。因此，策展人责任保险将能成为职业责任保险领域中的又一新成员。

(4) 会展设备安装与拆卸工程保险

随着会展规模的不断扩大，会展设备的安装越来越复杂，其安装过程的风险也越来越大。但会展设备的安装与一般大型设备的安装有较大区别，它的工期较短，而且不久就要拆卸，其拆卸过程同样包含风险。借鉴普通安装工程保险的形式，设计会展设备安装与拆卸工程保险，在一份保险合同中，同时承保会展设备的安装与拆卸。从而使参展方在安装和拆卸会展设备过程时得到保险保障。

(5) 参展物资往返运输保险

几乎所有大型展会的参展商都来自全国各地甚至世界各地，所以在参展过程中，其展品及配套物资必须先从产地运往展馆，展览结束后，再从展馆运回产地。因此，可以为这种参展物资同线路的往返运输专门设计一种保险。这样，既方便了参展商，又能使参展商享受到比普通单程货物运输保险更优惠的费率。

(6) 会展融资信用保险

办会展与其他经济活动一样，需要先投入一定的资金。而会展的规模越大，投入的资金越多，因此，会展融资今后将越来越普遍。然而，会展融资的信用风险也是客观存在的，特别是今后会展的数量越多、办会展的单位越复杂，则会展融资的信用风险就越凸显。所以，开办会展融资信用保险，将为会展业的可持续发展再助一臂之力。

(7) 会展取消或延迟保险

我国"非典"流行导致许多会展停办、取消或延迟，使主办方蒙受了较大的经济损失。

对付这种因天灾人祸造成的偶发事件，国外专门有一种"偶发事件保险"。设计一种类似"偶发事件保险"的险种，以规避会展取消或延迟的风险，从而转移会展主办方及参展商因上述事件所造成的经营风险。

随着会展市场的发展，会展保险中的具体险种还会不断扩展。在国际保险市场上有一种"会展综合保险"，包含多种具体险种，并针对不同的客户，以附加条款的形式进行不同的险种组合。

【案例6-3】　活动取消险

"活动取消保险"（Event Cancellation Insurance）作为一种特殊保险，历史上一度只由伦敦保险市场，尤其是劳合社（Lloyd's）提供。但是近十年，在伦敦市场以外的欧洲大陆以及美国，越来越多的保险人开始涉足这一险种。各种意外事件或其他不可抗力会引起活动被迫取消、延期、中断或者更换举办地点，主办方的前期投入不能完全收回，导致其蒙受经济上的损失。例如，活动中断会减少主办方的门票收入和广告收入，活动改期或更改地点需要支出通知参加各方情况变化的额外费用、更换场地的费用等。"活动取消保险"就是为这一经济损失提供保障。一般来说，"活动取消保险"的保障范围为单个或者一系列活动，最常见的是大型会议、展览会、商品交易会、音乐会、娱乐演出或体育比赛等。实际上，欧美国家提供的活动取消的范围有时还包括婚礼或公司宴会，地方性展览会或者类似钓鱼比赛之类的小型体育赛事。

目前，在我国会展活动取消险大多为国外演出公司或展览公司购买，国内则少有人问津。这一险种应该大力推广，在突发事件来临之时，不仅是一种有效的经济补偿手段，还有不可估量的稳定民心的社会效应。

资料来源：海苑苑．"活动取消保险"探微．上海保险，2003（12）

6.1.5　会展保险的必要性

近期，关于展馆塌顶、展场失窃、因故停办等报道屡见报端，展会因此蒙受重大损失，而且由此给各方造成的损失无从弥补。

2001年9月25日，香港珠宝钟表展览会在香港会议展览中心闭幕，但是就在这最后一天，一个参展摊位的价值500万港元的钻石不翼而飞。

2002年7月27日的乌克兰国际航展，一架战斗机在进行特技表演时坠毁，酿成了人类历史上最为严重的一次航展空难事故。"会展安全"也以放大的形式来到人们面前。

2003年"非典"期间，北京取消或延期的会展占全年会展总数的40%～65%。展览场馆和主要经营会议场所的损失，占其全年收入的40%左右；主办单位和承办单位的损失，占其全年收入的50%以上。

2004年的"香港国际珠宝展"上，在开幕之日就发生了两起珠宝失窃案。两名参展商在两分钟之内被窃去价值200万美元的钻石，翌日又发生两起盗窃事故，损失共达400万美元。

2004年5月13日，第四届国际上海珠宝展在上海虹桥地区的世贸商城拉开帷幕。当天下午发生失窃事件，失窃的钻石大多为0.01克拉至0.15克拉小颗粒成品钻石，总重量约为2100克拉，总价值约为69万美元。

2004年6月24日，在香港湾仔会展开幕的国际珠宝展，首日便发生两宗钻石失窃案件，总共损失22000美元。

包括自然灾害在内的意外事故一直对人类影响巨大，特别是近年来，巨灾和传染病频发。例如，2003 年的"非典"；2004 年年底的南亚和东南亚的连环地震海啸；2005 年美国飓风无不让人心有余悸。近来又有所抬头的禽流感疫情也无法不让人担心。卫生专家称，如果禽流感病毒通过变异获得在人际传播的能力，那么全世界将面临一场新型流感大暴发的威胁。另外，恐怖主义风险一直是各大型活动和展会风险管理的重点。2004 年雅典奥运会和 2005 年爱知世博会也都将此风险纳入保单内容。

据初步匡算，2010 年上海世博会建设总投资 250 亿元人民币，其中世博会工程建设投资 80 亿元，土地储备前期动拆迁 170 亿元，初步融资方案将由政府投入、银行贷款、企业出资三部分组成。北京在申办 2008 年奥运会过程中，遵照国际奥委会确定的原则，确定了组委会 16.25 亿美元收入的奥运会运行预算，同时也提供了与奥运会相关的城市基本建设，包括体育场馆建设的 142 亿美元的概算，这笔经费由政府负责筹措。巨大的投资不容许有半点马虎。国际奥委会主席罗格也曾表示，今后举行的各届奥运会都将为大会意外中止而安排保险。

会展业是一个极易受外界因素影响的行业，是高收益行业，必然属于高风险行业，时刻面临着取消、延期等风险。大型会展的前期投入相当大，甚至需要融资办展，一旦遇到此类风险，而又没有任何风险应对措施，只能束手无策，怨天尤人。

由此可见，会展风险是客观存在的，风险的存在让人们领悟到了风险管理的重要性。要确保会展安全，有必要投保，通过保险转移会展风险。国际上一些成熟的会展市场，像法兰克福、多特蒙德等城市，会展主办者的风险管理意识非常强，懂得怎样通过保险转移财物损失、责任赔付以及经营损失等各类风险。因此，中国会展经济的日益成熟离不开金融保险业的保驾护航，如何在会展中建立健全风险保障体系成为必须应对的严峻现实。

6.2 会展风险的非保险转移

6.2.1 非保险转移

非保险转移可以转移某些不可保的潜在损失，如物价上涨、法规变化、设计变更等引起的投资增加；被转移者往往能较好地进行损失控制，如承包商相对于主办方和承办方而言能更好地把握施工技术风险，专业分包商相对于总包商能更好地完成专业性强的工程内容。但由于非保险转移的媒介是合同，这就可能因为双方当事人对合同条款的理解发生分歧而导致转移失效。另外，在某些情况下，可能因被转移者无力承担实际发生的重大损失而导致仍然由转移者来承担损失。非保险转移一般都要付出一定的代价，有时转移代价可能超过实际发生的损失，从而对转移者不利。

（1）采用非保险转移方法的优点

① 适用的对象比较广泛　这种方法所能处理的风险，既可以是纯粹风险，也可以是投机风险，既有可保风险，也有不可保风险。

② 具体操作措施灵活多样　它常常需要巧妙地运用各种知识和技巧，通过谈判、合同条款及其他途径来实现风险转移，而不像订立保险合同那样程式化。事物背景的复杂性、合同本身的多样性，以及当事人的千差万别，为风险管理者选择具体操作措施提供了广阔的天地。

③ 直接成本较低　与保险转移相比，所需费用总是低于购买保险的保险费。采用一般风险控制手段，既要支付相当的费用，又要做一定的工作，而采用风险转移方式，有时只需在合同条款上下工夫，一旦签订合同，风险转移即告成功。

④ 有利于促进全社会控制风险、减少风险　一般而言，把潜在损失转移给那些能够更好地控制损失的人，便会降低损失概率与损失程度。例如，在一份展台特装建设施工合同中，如果承包人将因设计图纸的疏忽、错误、更改所造成的工程损坏和由此发生的拆除、修复等费用支出，以及承包人因此而发生的人工、材料、机械和管理费用等损失转移给发包人，则发包方就会更加严格、周密地审查设计图纸及其所提供的全部技术资料，以控制这类损失的发生。

（2）采用非保险转移方法的缺点

① 法律和情理的双重限制　法律条文、合同条款都有其明确的法律意义和标准，非保险转移常常是通过合同双方所签订的协议条款来实现的，合同双方必须在严格遵循法律规定和合同条文的基础上，转移那些在法律上、在合同条文中没有规定，或者规定不够明确的损失责任，否则这种转移将是不正当的、无效的。涉外经济活动中，这种限制则更多。因为各国法律、各种合同条文的规定，以及人们的习惯不同，涉外经济活动的各种合同及其解释可能出现明显的差异。此外，要使风险借助合同条款转移出去，还必须得到对方的接受。也就是说，既要在法律允许的范围内，又要使对方愿意承担这种责任。近年来，基于公众的舆论，许多国家纷纷通过立法对运用合同条款转移风险损失的做法加以限制。

② 对合同条文理解的差异可能引发问题　有些合同的文字晦涩，难以理解。有些企业以为已将全部风险转移出去了，而实际上合同只转移了一部分风险，所以要求风险管理者必须仔细推敲合同的文字以确定其真正的含义。另外，因为合同条款的差异性很大，有时对一项特定条款的理解，法院很难找到据以判断的先例。

③ 转让人要承担一定的代价　通过非保险转移，风险可由转让人向受让人转移。但一般说来，受让人不会无代价地接受，而总要通过一定方式反映出来，要求转让人在某些方面作出让步。例如，受让人答应承担某种可能的损失，相应地，他就会要求转让人承担另一种义务，或者要求提高合同价格。此外，转让人可能还有其他费用支出，如损失发生后，为解决争议可能需要支付一笔可观的诉讼费，有时甚至可能超过损失本身的经济价值。

④ 受让人有时无力承担所转移的损失责任　非保险转移中，由于受让人不可能有大量风险单位的集合，不能合理地平均分摊损失，故其所面临的风险损失往往波动很大，其风险承担能力极为有限，故受让人在接受转移时，往往持谨慎态度。而那些不了解风险的人可能盲目地接受被转移的风险，但是他们却常常不能有效地控制和处理风险，这必然产生更多的损失机会，显然不利于全社会的风险控制。

6.2.2　会展风险非保险转移的适用条件

会展风险非保险转移最常见的三种情况。

① 会展主办方将会展合同责任和风险转移给对方当事人。在这种情况下，被转移者多数是承包商。例如，会展主办方在合同条款中规定，主办方对场地条件不承担责任而由承办方负责；参展商不按照时间限制及时交清参展费用而不能保留展位；采用固定总价合同将涨

价风险转移给承包商；等等。

② 会展承包商进行合同转让或工程分包。会展承包商中标承接某会展工程后，可能由于资源安排出现困难而将合同转让给其他承包商，以免由于自己无力按合同规定时间建成工程而遭受违约罚款；或将该工程中专业技术要求很强而自己缺乏相应技术的工程内容分包给专业分包商，从而更好地保证工程质量。

③ 第三方担保。担保方所承担的风险仅限于合同责任，即由于委托方不履行或不适当履行会展合同以及违约所产生的责任。第三方担保的主要表现是主办方要求会展承包商提供履约保证和预付款保证（在投标阶段还有投标保证）。

一般来说，运用非保险转移方法来处理会展风险，需要满足以下条件。

① 明确责任。转让人与受让人之间的损失必须能够明确地划分。这就要求当事人双方在订立会展合同时，对于所要转移的潜在损失的理解一致，并且在损失发生时有具体的区分措施。

② 承担责任。受让人应当有能力并愿意承受适当的财务责任。这就要求受让人在订立会展合同时，必须准确地理解有关条文的全部含义及可能产生的后果，并对自己的承受能力作出符合实际的估价，经过充分衡量利弊后作出相应的承诺。

③ 双方有益。应用这种方法对于转让人和受让人双方应该都是有益的。这种利益可以是直接的，也可以是间接的。无疑，实施这种风险转移方法的成本必须低于其他风险处理手段，否则人们不会选用它。而且，如果采用这种方法仅对一方有利，则另一方一般是不会接受的，除非不了解情况而盲目接受。

6.2.3 会展风险非保险转移的实施方式

会展风险非保险转移的实施方式主要有免责约定和保证合同。

① 免责约定。会展免责约定是指会展合同的一方通过合同条款，对会展合同中发生的对他人人身伤害和财产损失的责任转移给另一方承担。例如，根据一则展位租赁合同，主办方可以将参展商对第三者造成的人身伤害与财产损失的经济责任转移给承租人——参展商。同样，根据另一则租赁合同，此承租人——参展商反过来可以把他的潜在损失转移给出租方。一般会展合同都有"免责条件"和"其他约定事项"等，关键要看双方如何加以利用，从而合法地、巧妙地将自己的风险转移出去。

② 保证合同。会展保证合同是指由保证人对被保证人因其行为不忠实或不履行某种明确的义务而导致权利人的损失予以赔偿的一种书面合同。借助保证合同，权利人可将被保证人违约的风险转移给保证人。会展保证合同通常用于清偿债务、在规定的期限内提供一定数量的产品、按要求的日期完成一项工程等。如果被保证人没有履行义务，由保证人履行或按合同规定支付一定的罚金。如展览会服务商承诺在展期提供某项服务却未能在规定的时间提供，展台搭建商未能按期完成搭建任务而给参展商和主办方带来损失和麻烦等，必须予以赔偿。

【案例6-4】 广交会特装展位用电安全责任承诺书

为配合做好第____届中国出口商品交易会（以下简称广交会）特装展位用电安全管理工作，明确责任，规范管理，确保安全，为宾客营造安全的洽谈环境，根据广交会安全管理需要，本单位____作为第____届广交会____特装展位的使用单位，偕同该特装展位布展施工单位____特向广交会承办单位中国对外贸易中心（集团）承诺：

① 严格遵守第＿＿届广交会《参展手册》的展馆防火规定和展馆用电安全规定，对筹撤展及展出期间因违章电气施工或违章用电引起的一切后果，承担第一责任，并愿意接受中国对外贸易中心（集团）依据双方签订的合同中违约条款作出的违约责任追究；

② 指定专人负责本单位在广交会期间的用电安全管理，做好筹撤展及展出期间现场值班维护，随时消除安全隐患，确保展馆安全；

③ 自觉接受广交会有关部门的监督管理，切实落实安全保障措施和整改措施；

④ 自觉明确电气施工方与用电方的安全责任，建立并落实内部安全责任制。

本承诺书一式三份，中国对外贸易中心（集团）、特装展位使用单位及特装展位布展施工单位各一份，自签字递交之日起生效。本承诺书是第＿＿届《广交会特装用电申报表》的必要附件。

承诺单位（展位使用单位）：　　　　承诺单位（特装展位布展施工单位）：

（公章）　　　　　　　　　　　　　（公章）

法定代表人或安全负责人（签名）：　法定代表人或安全负责人（签名）：

该展位用电安全责任人：　　　　　　该展位用电安全责任人：

联系电话：　　　　　　　　　　　　联系电话：

日期：　　　　　　　　　　　　　　日期：

资料来源：http://www.cantonfair.org.cn

6.3 会展风险自留

6.3.1 风险自留

顾名思义，风险自留就是将风险留给自己承担，是从企业内部财务的角度应对风险。风险自留与其他风险对策的根本区别在于，它不改变项目风险的客观性质，既不改变项目风险的发生概率，也不改变项目风险潜在损失的严重性。

风险自留可以包括两个方面的内容：承担风险和自保风险。承担风险与自保风险都是项目投资者以自己的财力来补偿风险的损失，区别在于后者需要建立一套正式的实施计划和一笔特别的损失储备或者基金；而前者则无须建立这种计划和基金，当损失发生时，直接将损失摊入成本。有些风险虽然也会带来经济损失，但由于损失规模较小，对项目经营者影响不大，在此情况下可以采用承担风险的方法加以处理。承担风险要考虑企业的承受能力。自保风险用于处理那些损失较大的项目风险，由于这些风险带来的损失较大，无法直接摊入成本。

（1）承担风险

承担风险是指某种风险不可避免或该风险的存在可能获得较大利润或较少支出时，企业本身将风险承担下来，自身承受风险所造成的损失。它分为两类：一是消极的自我承担，是由于没有意识到风险的存在，因而没有处理风险准备时，或明知风险存在却因疏忽怠慢而低估了潜在的损失程度时，所产生的风险自留，都属于消极的自我承担；二是积极的自我承担，是指自己承担风险比其他方法更经济合理，或者预计损失不大，企业有能力自我承担的情况。其适用范围为：

① 用其他方法处理的成本大于自我承担风险的代价；

② 有些风险虽然也会带来经济损失，但由于损失规模较小，对项目影响不大，在此情况下可以采用承担风险的方法加以处理；

③ 不可转移出去的风险；

④ 风险管理人员由于缺乏风险的技术知识，或疏忽处理而造成的风险损失。

（2）自保风险

自保风险是企业本身通过预测其拥有的风险损失发生的概率与程度，并根据企业自身的财务能力预先提取基金以弥补风险所致损失的积极性自我承担。自保风险通常是根据对未来风险损失的测算，采取定期摊付、长期积累的方式在企业内部建立起风险损失基金，用以补偿这些风险所带来的损失。自保风险主要有以下三种表现形式：

① 将风险损失摊销计入成本；

② 建立和使用内部风险损失基金；

③ 组织和经营专业自保公司，降低企业总体风险水平，提高收益能力。

6.3.2　风险自留的类型

风险自留可分为计划性风险自留和非计划性风险自留两种类型。

（1）非计划性风险自留

非计划性风险自留是指没有意识到某些风险的存在，或者虽然知道风险的存在，却低估了潜在风险的严重程度而未引起重视，或者认为有些风险过于微小而未有意识地采取任何有效措施，以致风险发生后只好自己承担。由于缺乏风险意识、风险识别和风险评价失误、风险决策延误等因素都可能导致非计划性风险自留，主要原因有：

① 风险部位没有被发现；

② 不足额投保；

③ 保险公司或者第三方未能按照合同的约定来补偿损失；

④ 原本想以非保险的方式将风险转移至第三方，但发生的损失却不包括在合同的条款中；

⑤ 由于某种危险发生的概率极小而被忽视。

（2）计划性风险自留

计划性风险自留是主动的、有意识的、有计划的选择，是风险管理人员在经过正确的风险识别和风险评价后作出的风险对策决策，是整个项目风险对策计划的一个重要组成部分。也就是说，风险自留绝不可能单独运用，而应与其他风险对策结合使用。在实行风险自留时，应保证重大和较大的项目风险已经进行了项目保险或实施了损失控制计划。

计划性风险自留是一种有周密计划和充分准备的风险处理方式，它的计划性主要体现在风险自留水平和损失支付方式两方面。所谓风险自留水平，是指选择那些风险事件作为风险自留的对象。确定风险自留水平可以从风险量数值大小的角度考虑，一般应选择风险量小或较小，充其量一般的风险事件作为风险自留的对象。计划性风险自留至少要符合以下条件之一才应予以考虑。

① 别无选择。有些风险既不能回避，又不可能预防，且没有转移的可能性，只能自留，这是一种无奈的选择。

② 期望损失不严重。

③ 损失可准确预测。

④ 企业有短期内承受最大潜在损失的能力。

⑤ 投资机会很好（或机会成本很大）。

⑥ 内部服务优良。

6.3.3 会展风险自留的原因

（1）该风险是不可保的

比如地震、洪水等巨灾损失，在这种情况下，企业采取风险自留的管理措施往往出于无奈；2003 年突如其来的"非典"，使得中国会展业受到重创，很多展会被迫取消，一些小型会展公司宣告破产；"9·11"事件对美国会展业的影响还未完全消除，许多商业性展览会效果大减，美国客商考虑出行安全问题，出境参展因此减少，伊拉克战争无疑又使尚未复苏的美国会展业雪上加霜，使美国会展业在很长一段时间里萎缩下来。

（2）与保险公司共同承担损失

比如保险人规定一定的免赔额，以第一损失赔偿方式进行赔偿，采用共同保险的方式或者以追溯法厘定费率等。作为一定的补偿，保险人会让渡一部分保费，也就是收取比较低的保险费。

（3）企业自愿选择自留的方式承担风险

对于某种风险，该企业认为自留风险较之投保更为有利。企业通常考虑的因素如下。

① 企业自留风险的管理费用（RC）小于保险公司的附加保费（IC），这样，风险自留就可以节省一部分附加保费。对于风险自留中将损失计入当前发生费用和建立内部风险基金两种方法，管理费用包括企业在流通资金或损失基金不足以补偿损失的情况下，借款或变卖资产所遭受的损失。对于建立外部风险基金的方法，管理费用包含企业交付给保险公司的费用以及基金不足时企业遭受的损失。对于用借入资金进行风险自留的方法，管理费用是企业在遭受损失后的借贷成本，在这里，由于大部分费用是企业发生损失后才发生的，因此应当计算其期望值。另外，应当注意的一点，无论是哪种风险自留的方法，管理费用还应当包括企业因为自担风险而产生的焦虑成本，准确地说，就是企业因为自留风险而无法专心于主业的经营而造成的损失。

② 企业预计的期望损失（RE）小于保险公司预计的期望损失（IE）。也就是说，企业认为保险公司将纯保费定得过高，不投保可以节省一部分纯保费。

③ 企业自留的机会成本（RO）小于投保的机会成本（IO）。投保的机会成本就是指保险费自身及其投资收益。

④ 税收。无论是将损失计入当前发生费用，建立基金还是借款，企业往往得不到税收上的减免，而保费的支出却是可以免税的。

对于发生频率高、损失程度小的风险，会展企业往往采用风险自留的手段更为有利。这是因为损失在一段较长的时间内发生的损失总额会比较稳定，采用风险自留作为管理风险的手段，焦虑成本和管理费用比较低，投保会令企业觉得得不偿失。对于发生频率小、造成损失金额多的风险，企业则会在风险自留和投保两种方式之间进行权衡。从风险管理的发展趋势来看，将有越来越多的会展企业运用风险自留的手段取代保险的手段处理频率小、损失程度大的风险。但应注意，企业采用风险自留的手段来处理这些风险时还需要考虑以下条件。

① 企业具有大量的风险部位。

② 各风险部位发生损失的情况（概率和程度）较为相似。

③ 风险部位之间相互独立（特别是应当有一个合理的地理分布）。

④ 企业应具有充足的财务力量来吸收损失。

风险自留作为一种风险管理的手段在我国企业中由来已久。我国企业进行风险自留的思想一般也较为朴素，对于发生频率高、损失金额小的风险损失往往作为费用冲销，而对于发生频率低、损失金额大的风险损失，企业在大多数情况下采取的是投保的筹资方法，或者干脆抱有一种侥幸心理期望损失不会发生，而一旦发生，如果不能及时筹集到足够的资金，就会给企业正常的生产经营带来很大的影响。目前，我国会展的风险自留存在以下问题。

① 规模偏小。我国会展企业的整体规模与发达国家相比，还有很大的差距，只有少数大型会展企业初步实现了国际化。较小的整体规模使得风险无法在企业内部进行有效的分摊，难以估算出应当提取的基金数额。

② 意识薄弱。我国会展企业经理人员的风险管理意识薄弱。我国的大中型会展企业多为国有企业，由国家财力作为强有力的后盾，无论什么天灾人祸都由国家来承担损失。尽管国有企业已经改制，但政府与企业之间仍然有着千丝万缕的联系。再加上计划经济思想的影响，我国会展企业的经理人员普遍忽视潜在风险会给企业带来的损失和财务上的剧烈波动。要会展企业拿出一部分资金建立专门基金而放弃其较高的投资收益，自然比较困难。即使真的建立了基金，也可能在营运资金不足的情况下被占用，这就丧失了建立基金的意义。

③ 缺乏经验。我国会展企业缺乏对风险的管理经验。这就导致会展企业实行风险自留的成本较高，与投保相比没有什么优势可言。在加入WTO之后，我国政府对企业的各种形式的补贴被取消，企业必将被推上国际舞台与发达国家的跨国企业同场竞技。会展企业在运营活动中面临着各种各样的风险，比如说地震、台风、洪水等自然灾害给会展企业带来的经济损失，这其中有一些因素是人力所无法左右的，但也有一些因素是人力所能控制的，如会展企业的员工由于工伤或意外会给企业造成损失，会展企业提供的服务对消费者造成伤害会使企业对消费者承担赔偿责任，会展企业所负的公共责任带来的损失，等等。这些事件的发生都会带来损失，都将影响企业的经济效益和正常的运营。

6.3.4 会展风险自留的损失支付方式

计划性风险自留应预先制订损失支付计划，常见的损失支付方式有以下几种。

（1）将损失摊入经营成本

很多自留财产损失和责任损失的决定都不包括任何正式的预备基金，损失发生后，组织只是简单地承受这种损失，将损失计入当期损益，摊入经营成本，这种方法能最大限度地减少管理细节，但是如果年与年之间的损失波动太大，那么较大的损失会使企业陷入困境。显然这种方法只适用于那些损失概率高但损失程度较小的风险，企业可以通过风险识别将这些风险损失直接打进预算，应当注意到会展企业这样做是一种有意识的决策。一般适合于会展企业中发生频率高但损失程度小的风险，它构成了企业中经常发生而又无法避免的费用，比如展品偷盗造成的损失、会展企业的雇员由于工伤或意外造成的损失，会展企业提供的服务对消费者造成伤害会使企业对消费者承担赔偿责任，会展企业所负的公共责任给企业带来的损失等。

（2）建立意外损失基金

意外损失基金的建立可以采取一次性转移一笔资金的方式，也可以采取定期注入资金长期积累的方式。企业愿意提取意外损失基金的额度，取决于其现有的变现准备金的大小以及它的机会成本。企业每年能负担多少意外损失基金，则取决于其年现金流的情况。一个重要的问题是按照税务和财务法规，损失费用不可预先扣除，除非损失实际已经发生。这项基金专门设立的目的是在损失发生之后，能够提供足够的流动性来抵补损失。它主要有两种方式。

① 以年为单位，每年以营业费用的形式建立基金，发生损失后以该基金抵补　它与以当前费用扣除损失的方式较为相似，也是适用于发生频率高、损失金额少的风险损失，如展会现场的饮食卫生出现问题、与会人员的健康保障问题、各种财产和物资从运输、安装、参展、拆除、再运输的整个过程中由于自然灾害或意外事故引起的直接经济损失等。

② 将损失在一个以上的会计年度进行分摊　它适用于发生频率低、损失金额多的风险损失，如会展所在地发生诸如战争、恐怖袭击、环境污染、疾病爆发等灾难性事件，导致会展推迟或取消，给组织者或参展者造成的损失等。

（3）借款

风险事故发生后，会展企业可以通过借款以弥补事故损失造成的资金缺口，这要求企业的财务能力比较雄厚，信用好，能在危机的情况下筹到借款。当会展企业某部门受损，可以向企业或企业其他部门求得内部借款，以解燃眉之急，企业也可以向银行寻求特别贷款或从其他渠道融资。由于风险事故的突发性和损失的不确定性，企业可以在风险事故发生前，与银行达成一项应急贷款协议，一旦风险事故发生，企业可以获得及时的贷款应急，并按协议约定条件还款。

【案例 6-5】　上海世博会又成功融资 20 亿元

上海世博会资金总投入包括动拆迁投入、主体工程建设项目投入和会展运营投入三部分。预计主体工程建设总投入为 180 亿元人民币。其中，政府将出资 71.5 亿元，占投资额的 40%；中央政府批准发行 80 亿元世博债券，约占投资额的 44%；其余 28.5 亿元将由多种融资方式予以补充，包括参展方自建场馆投资、项目法人招标、银行贷款等。继首批 15 亿元世博债券后，上海世博会又在沪成功发行 20 亿元信托凭证融资，主要用于世博会基础设施建设，期限为一年，年成本率为 4.15%，比同期银行贷款节约成本约 25%。此前，由于世博会建设项目的需求，上海世博会已经与国内主要银行签订了借款协议，这部分资金主要用于世博会动拆迁以及建设项目。除此之外，上海世博土控公司还探索多渠道的世博会投融资方式，争取引进国内保险资金、社保资金、邮储资金等投入世博会基础设施建设，进一步降低世博会建设成本，减少世博会建设的财务风险。

资料来源：金融时报，2006.6.5

（4）专业自保公司

专业自保公司是企业（母公司）自己设立的保险公司，旨在对本企业、附属企业以及其他企业的风险进行保险或再保险安排。建立专业的自保公司主要基于以下原因。

① 保险成本降低，收益增加。

② 承保弹性增大。

③ 风险管理加强。

④ 保险与再保险结合。

本章小结

保险是一种风险损失转移机制，是一种通过转移风险来对付风险的方法。保险的应用得到了很大的拓展，被应用在包括会展在内的许多领域。会展业是一个极易受外界因素影响的行业，是高收益行业，必然属于高风险行业，时刻面临着被取消、延期等风险。会展风险是客观存在的，要确保会展安全，有必要投保，通过保险转移会展风险。会展保险的作用是补偿风险损失、增加行业竞争点和转移风险。会展保险的险种有展品保险、观众意外伤害保险、策展人责任保险、会展设备安装与拆卸工程保险、参展物资往返运输保险、会展融资信用保险、会展取消或延迟保险。采用非保险转移方法来处理风险，应用范围广、费用低廉、灵活适用，可以弥补保险之不足，但非保险转移常受合同条款、法律条文的限制，带有一定程度的盲目性，需要以健全的法律体系为条件，会展风险非保险转移的实施方式主要有免责约定和保证合同，会展免责约定是指会展合同的一方通过合同条款，对会展合同中发生的对他人人身伤害和财产损失的责任转移给另一方承担。风险自留就是将风险留给自己承担，是从企业内部财务的角度应对风险。承担风险是指某种风险不可避免或该风险的存在可能获得较大利润或较少支出时，企业本身将风险承担下来，自身承受风险所造成的损失。自保风险是企业本身通过预测其拥有的风险损失发生的概率与程度，并根据企业自身的财务能力预先提取基金以弥补风险所致损失的积极性自我承担。风险自留与其他风险对策的根本区别在于，它不改变项目风险的客观性质，既不改变项目风险的发生概率，也不改变项目风险潜在损失的严重性。

复习与思考

1. 简述会展保险的作用。

2. 会展有哪些保险需求？

3. 简析会展保险的险种。

4. 论述会展保险的必要性。

5. 会展企业在哪些情况下可以采用非保险转移？具体包括哪些实施方式？

6. 会展风险自留的原因是什么？

7. 会展风险自留有哪些损失支付方式？

案例分析：爱知世博会的保险安排

（1）世博会的保险制度

强制保险的安排：规定世博协会及全体参会方有义务投保与世博会举办相关的保险。

不行使损失求偿权：除故意或重大过失引发的事故外，相关人员之间不得互相行使损失求偿权。

综合赔偿责任保险：世博协会统一签订赔偿责任保险协议，规定参会方等承担分摊保费的义务。

（2）特殊规则所规定的强制保险

必须投保的保险中，除日本政府规定的保险外，"普通规则"和"特殊规则"还作了如下规定。

① 建筑、安装、土木工程施工期间的保险　施工期间，承包人必须投保如下任意一个保险：土木工程险、建筑工程险、安装工程险。

投保人：工程委托人或承包人；

承保范围：本协会、参会方或经营方委托的会场场馆外的所有建筑物、构架、设备工程等的土木、建筑、安装承包工程；

保险标的：世博会会场内工地范围内的工程标的和建筑材料；

保险金额：建筑工程的承包协议金额（如有委托人提供的材料，须加算该部分金额）；

保险期限：施工自始日起至完工移交标的物日止；

保险范围：除下述"免赔责任"中所规定的损失以外，对所有因意外事故引发的保险标的损失承担赔偿责任；

除外责任：由于投保人、被保险人、工程现场责任人的故意、重大过失、违法引发的损失；风、雨、冰雹、沙尘的吹入或者漏入；地震、火山喷发、海啸等引起的损失；工程中作为临时材料使用的防水板、橡、H型钢板及其他类似物品的钉入或拔出时产生的弯曲或破损，或者不能拔出的损失；战争、外国的武力侵犯、革命、夺取政权、内战、武装镇压及其他类似事变及暴乱；核燃料物（包括使用后的燃料），或受核燃料物污染的物质（包括原子核分裂生成物）的放射性、爆炸性及其他有害特性及这些特性引起的事故。官方的扣押、没收或损坏；保费支付以前发生的事故引发的损失；损失发生后30日内因不可知的盗窃而引发的损失；剩余材料检查期间发生的丢失或不足引发的损失；保险标的自身的瑕疵、自然消耗或恶化。

赔偿金额：赔偿金额＝损失金额－各类工程免赔额（每一个事故）

各类工程免赔额（每一个事故）指火灾、雷击、破裂及爆炸：20万日元。

其他：10万日元。

② 财产保险　正式参会方对其使用、管理的以下物品必须投保财产保险。

投保人：正式参会方。

保险标的：世博会会场内的建筑物、设施、商品及其他动产。

保险金额：保险标的的重置价格。

保险期限：建筑物及设施的保险期限移交主办者为止。商品及提取动产的保险期限从会场内运输工具上卸落开始，到装上运往会场外的运输工具为止。

保险范围：火灾、雷击、破裂或爆炸、风灾、冰雹或雪灾、飞行器的坠落、车辆的飞入（被保险人或车辆使用人所有或驾驶的车辆引起的损失除外），起重机的倒塌、建筑物外部物体的坠落、飞入、撞击或倒塌、由供排水设备产生的事故、骚乱和类似的集体行动或劳动争议所引发的暴力行为或破坏行为，因为台风、暴风雨等产生的洪水、涨潮、泥石流等引发的水灾。

除外责任：投保人、被保险人或其法定代理人的故意或重大过失；发生属于赔偿责任的事故而导致保险标的遗失或被盗；由于电力事故引发的炭化或熔融（火灾引发的除外）；战争、外国的武力侵犯、革命、夺取政权、内战、武装镇压等；核燃料物或受核燃料污染物的放射性、爆炸性及其他有害特性所引发的事故；官方的扣押、没收或损坏等（必要的消防措施除外）；地震或火山喷发和由此引发的海啸；发酵和自然发热引起的损失；机器的运转部分或运转部分运转中引发的分解飞散的损失；龟裂、变形及其他类似的损失；保费接收前发生的事故。

建筑物或设施、展台、展示用品、其他动产以重置价值为准。

③ 综合赔偿责任保险　世博协会统一签订赔偿责任保险合同，并规定了参会方有分担保费的义务。

投保人：世博协会。

被保险人范围：协会及其从业人员；正式参加国和国际组织；普通参会方、经营方、举办相关方；工程承包人；为上述被保险人工作的人员等。

保险范围：对被保险人在世博会会场内饲养、使用或管理的设施因缺陷及管理不当引发事故，给第三方造成人身或财产损失，或被保险人在世博会场内向参观人员销售的产品给参观人员造成人身伤害，被保险人依法承担赔偿责任而受到的损失承担赔偿责任。

赔偿金额与限额：被保险人应该支付给被害人的损失赔偿金额。

支付限额：每起事故 100 亿日元；被保险人在获得保险公司书面认可后支付的诉讼费用；被保险人应保险公司的要求提供协助产生的直接费用。

除外责任：机动车、轻骑引发的损失赔偿责任；会场外的船舶引发的损失赔偿责任；飞行器引发的损失赔偿责任；被保险人或其承包人雇佣的人员在从事被保险人的业务过程中因身体的伤害而引起的损失赔偿责任；被保险人因他人寄存的有价物品的损坏引起的损失赔偿责任；烟、臭气、蒸汽、煤气、油、废水或其他污染物的排除、流出、漏出等引发的损失赔偿责任，剧烈且突发的事故引起的损失不在此限；被保险人制造、销售或分发的物品或被保险人的工作失误引发的物品或工作标的物损坏的损失赔偿责任；被保险人或其法定代理人的故意或重大过失引发的损失；战争、内乱、暴动等引起的损失；地震、火山喷发、海啸等引起的损失。

保险期限：正式参会方的保险标的期间从接受协会借与的建筑物时开始，至将该建筑物返还协会终止等。

保险适用区域：该保险适用区域为世博会会场内，但在保险公司认可的情况下，会场外发生的损失也可视为赔偿范围。

（3）放弃损失赔偿请求权

本次世博会，如发生事故时，除参会方故意或者重大过失外，不得向该事故相关的其他参会方及其职员行使损失赔偿请求权。

同样，本协会除了因故意或重大过失而造成的损失外，也不向参会方及其职员行使损失赔偿请求权。

（4）保险公司放弃代位求偿权

规定保险公司必须同意除了因故意或重大过失而造成的损失外，不得向各参会方及本协会行使由于支付保险金而取得的代位求偿权（特殊规则第 6 条第 3 项）。

（5）参会方可任意投保的保险

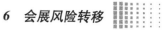

机动车保险；偷盗险；航空险；玻璃破碎险；机损险；保证保险；动产综合保险；信用保险；海上货物运输险；意外伤害险；运输险；雇主责任保险。

资料来源：上海图书馆世博信息中心．世界博览会保险论坛资料，2004

讨论题

1. 爱知世博会的保险方案有何借鉴意义？

2. 根据世博会的保险制度，请设计一个展览会的保险方案。

7 会展安全管理

【学习目标】

学完本章，你应该能够：

1. 了解会展安全；

2. 掌握会展场地安全问题；

3. 熟悉会展安全管理。

【基本概念】

会展突发事件　会展安全危机　踩踏事件

7.1 会展安全

7.1.1 会展突发公共事件

在会展举办期间突然发生造成或者可能造成重大伤亡、重大财产损失和重大社会影响的突发事件或状态即为会展突发事件。主要有以下共同特点：一是突发性。事件爆发的时间、规模、具体态势和影响深度，经常出乎人们的意料，即事件发生突如其来，一旦爆发，其破坏性的能量就会被迅速释放，并呈快速蔓延之势，而且事件大多演变迅速，解决问题的机会稍纵即逝，如果不能及时采取应对措施，将会造成更大的危害和损失。二是公共性突发事件的影响和涉及的主体具有公共性，突发公共事件的直接涉及范围不一定是在普遍的公众领域，但是事件却会因为迅速传播引起公众的关注，成为公共热点并造成公共损失、公众心理恐慌和社会秩序混乱。三是不确定性和多变性，不确定性表现在原因、变化方向、影响因素、后果等各方面都无规则，事件瞬息万变，难以准确预测和把握。不确定性和人类理性的有限使得人们在事件面前往往无所适从，更增强了恐慌感并扩大不安全感。四是事件的多样性，也称事件的独特性。突发公共事件的发生、发展具有不同的情景，在表现形式上各有特色。五是危害性。会展活动突发事件的危害性突出地表现在：公众生命受到威胁；经济上遭受重大损失；正常的活动秩序遭到破坏；此外，突发公共事件还会给人们心理造成无法用量化指标衡量的负面效应。六是信息的有限性。由于突发公共事件的随机性和不确定性，很多信息是随着事态的发展而演变的，而时间的紧迫性使得决策者掌握的信息有可能不全面，得到的信息不及时，并且在信息的反馈和处理过程中，信息的准确性和有效性也难以保证，导致信息失真，这是对决策者最严峻的考验。

会展安全危机就是指意想不到、突然发生的、对组织或公众不利的重大事件。包括因天灾、火灾、爆炸以及工业设施的重大事故；或因偷窃、破坏秩序等治安原因引发的危机；以及因食品、交通安全引发的公共危机等。

【案例7-1】　巴塞尔珠宝展的钻石被盗

瑞士巴塞尔城半州检察官发表公报说，巴塞尔国际钟表珠宝展当天发生盗窃案，一家参展珠宝商4颗钻石被盗，总价值数百万美元。

据介绍，当天是为期7天的世界最大钟表珠宝展会最后一天，在3号展厅，一伙盗贼从展柜里偷走了这些钻石。参展商报警后，3号展厅关闭半小时，参观者不得离开，但没能截住盗贼。

据瑞通社报道，盗窃团伙有5个人，其中3人吸引展台人员注意力，另外2人打开展柜偷走钻石。大约15分钟后，展商才发现钻石被盗。

警方认为，这伙盗贼作案手段非常专业。警方正在查看展厅监控录像，有可能找到盗贼的图像信息。警察还在现场提取了指纹和DNA样本。

巴塞尔钟表珠宝展为世界最大规模同类博览会，每年春季举行，被时尚界视为全球奢侈品市场的风向标，吸引了全球业内人士和众多参观者，也引来珠宝大盗，时常发生盗案。

巴塞尔钟表珠宝展展馆总面积16万平方米，分为6个展厅。本届展会有来自世界45个国家和地区的1892家钟表和珠宝企业参加，其中瑞士参展商约占总数的1/4。

资料来源：http://www.oushinet.com

7.1.2　国外处理会展突发公共事件的经验

（1）美国

在美国，会展活动举行前需要评估安全需求，据此拟订出安全计划。安全计划主要包括先期调查，任务陈述，场地巡查，安全计划和选择人员等。

① 先期调查　先期调查可以采取亲自调查或者电话询问的方式，通过询问活动组织者一系列的问题来找出最容易发生的问题并制订合适的安全管理措施。一是问清会展活动的类型。例如，美国的音乐会通常会吸引较年轻的观众；体育活动往往带来高密度人群，如果主场输了并且观众大量饮酒，就会导致人群不守规矩；政治演讲可能会招致情绪激烈的抗议者。二是询问活动的组织者是怎样考虑安全因素的。雇佣安全保卫人员是为了提供活动每一个方面的安全保卫，还是仅仅为了控制人口、巡逻场地，或者提供要人的人身安全保卫。尽管需要专业安全人员巡视场地并做出安全任务建议书，但是了解活动组织者的初衷是很重要的。三是了解活动举办的确切地点，不仅仅是哪个城市和地区，还包括使用的场地类型。如果一个活动安排在只有几个入口的会议大厅，那么安全保卫任务只需要少量人员控制入口；如果场地在室外，就需要较多的保安人员，其中大部分人员应进行巡逻而不仅仅控制入口。四是明确有哪些人参加活动，是向公众开放还是仅仅邀请部分人参加，以及参加活动人员的数量，有无知名人士、政治家、运动员，具体是哪些人。活动的参加者会影响到安全保卫活动的范围。例如，知名人士可能会吸引上层人士或者是一群追星族，要求安全保卫有控制人群的能力。此外，安全主管还要掌握活动的经验及教训、起止时间和主要日程安排。尽管日程安排会由于活动的组织情况而变化，但对安全主管来说是安全工作开始的关键，会帮助他决定在整个活动中什么时候需要多少人。虽然有了早期计划，但活动过程中发生变化是很常见的，所以保持计划的灵活性是必不可少的。特殊的事变往往随着时间推移而出现，并经常在最后时刻发生，这就要求安全主管能够快速行动。

② 任务陈述　掌握了先期调查阶段中获得的信息，安全主管拟出一份一段到两段的、可以勾勒出本次安全任务基本职能的任务陈述书。任务陈述书并不需要很精致或是很复杂，

它只需要简单地列出在整个活动中安全保卫任务需要包括些什么，要使用多少人员，配置在哪里。任务陈述需要得到安全主管的上级和活动组织者的确认。该步骤可以确保所有人在活动开始前了解安全保卫所担任的角色，还可以在发生问题后保护保安人员。

③ 场地巡查　场地巡查的目的是直接观察活动举办地点各种设施的位置情况，包括出口和入口，以及演出地、贵宾的休息间和其他需要保卫的地方。安全保卫工作还包括对防火的检查以及当会展活动在大型场地举办时法律要求的例行检查。通过这种方式，安全主管可以对现场进行仔细观察，同时可以顺便听取防火及安全检查官所指出的安全担忧。安全主管会带一份场地的地形图，强调需要高度注意的重点部位，比如通向入口和出口的主要街道、紧急出口和任何有问题的地方（比如被封锁的防火出口或者可能给活动参加者和保安人员带来危险的隐患）。此项活动的安全监督员会被邀请参加安全检查。在美国，官方执法活动往往只在一定程度上涉及某些活动。安全主管的责任是明了哪个执法机关对活动场地有执法权限以及可以从当地警察那里得到哪种类型的安全服务。

④ 安全计划　安全计划可以补充任务陈述书中所空出的细节，但并不需要冗长而复杂的文件，有一两页足够。具体包括场地的地形图以及应对紧急情况的官员和联系人员的姓名、联系方式。此外，还列出指派执行此次任务的人员数量以及他们在场工作的时间和要执行的具体任务。例如，一份计划可能规定活动中要求有 12 个保安人员，8 人在 8 个入口进行控制，4 人进行常规巡逻。安全计划还包括操作中需要使用的所有设备，像无线电接收装置、巡逻车和金属检测设备，并指出安全指挥中心的位置、电话号码及工作时间。

⑤ 人员选择　在确定任务以后，安全主管就可以估计对人员的需求了。评估保安的相关的能力来确定谁最适合哪一样工作并进行培训。人员培训可以自由选择范围，培训是把任务具体化，而且规定保安在活动中的安全定位及要遵循的原则。例如，如果任务是 2 人的停车场巡逻，那么培训的内容就包括巡逻的频率，以前停车场常发生的问题以及怎样应对。被培训的保安人员还应该接触通信设备以便在紧急情况时迅速回复或是给活动参加者以简单的指导。培训内容包括对如金属探测器和 X 射线设备等特殊设备的使用。此外，还训练保安人员使用所有的联系工具，并把安全监督者和主要执法人员的联系方式告诉他们。保安人员还需要掌握指挥中心的具体位置以及怎样用无线电联系。

（2）英国

为了遏制本国足球迷闹事，英国政府专门颁布了一项法令，严禁在足球赛场附近出售酒类物品，严禁醉汉入场观战。随着互联网的发展，英国警方还把足球流氓的资料输入电脑让欧洲其他国家的同行了解这些足球流氓的资料。

（3）希腊

2004 年雅典奥运会组委会加强了同三大国际刑警组织专家和有关人员的密切合作。同时在举办奥运会期间积极寻求市民的支持，提倡市民配合遵守有关交通、安保等方面的特殊规定，保证交通安全及道路通畅，有效减少了突发事件的发生。

7.2　会展场地安全问题

7.2.1　治安问题

会展中存在的治安问题存在以下几个方面。

① 财物被盗。每个会展的展馆内都会陈列大量参展样品，在至少 3 天以上的展期中，每晚参展样品会依旧留在展位上，在闭馆后和开馆前的这段时间里让盗窃者有了可乘之机。再者在会展举办时，展馆是一个人、财、物密集的公共场所，常常会有钱财、物品丢失事件的发生。

② 非法倒票事件。会展门口倒票的现象屡见不鲜，就是将工作人员证、展商证、现场参观者等证件回收，再降价卖给观展者。很多不法商贩、扒手、推销者等威胁会展安全的人士就会通过这样的渠道进入会展现场，使得会展安全存在隐患。

③ "展虫"侵扰。会展业界把游走在会展中的营销团伙在展览现场兜售与所在展区主题不符商品的参展商或商贩称为"展虫"。总而言之，是对扰乱展览会正常秩序、破坏展览会形象和办展质量的人的形象化称谓。他们通常没有正式公司的资历，却打着公司直销、低价处理、特价清仓等牌子在会展中销售商品。"展虫"在近年来的展览会或展销会上频频出现，借着会展时间短、审查不严的特点逃过工商部门的检查，向消费者兜售劣质或廉价商品。展虫的出现严重损害了消费者的利益，干扰了会展现场的正常秩序，影响了展览会的形象，可以说百害而无一利。

【案例 7-2】 别让"展虫"毁了展会的声誉

"欧珀莱爽肤水 10 块一瓶"、"原价 999 元的蚕丝被 100 元大甩卖"、"磨刀器 3 块钱一个"……在合肥举办的家用电器博览会上，类似的叫卖声不绝于耳。要不是明知身在家博会现场，还真以为置身于哪个城郊结合部的小夜市。

一年一度的家用电器博览会是合肥这个家电大市精心培育的一大品牌展会。举办这一展会，旨在给家电业内人士提供一个投资洽谈的平台，给众多家电品牌提供一个向消费者展示新品名品的机会。然而，令人遗憾的是，在这样一个品牌展会的现场，竟然有不少非正式参展客商的人员即所谓"展虫"的混入，他们大肆兜售着与家电产品毫无关系的假冒伪劣商品，成为博览会上极不和谐的音符。"展虫"大行其道现象并非只出现在合肥办的家电博览会上，国内各类展会特别是有影响力的展会都有"展虫"的身影。他们利用展会期间人群集中、会后人去场空的特点，以突击销售为目标，混入展区内大肆销售与展会主题无关的假冒伪劣产品，给会展经济带来严重危害。一方面，"展虫"们无所顾忌地向客商兜售商品，造成会场内秩序混乱，既影响参展客商正常的经贸和投资洽谈，也影响博览会的整体形象；另一方面，"展虫"们兜售假冒伪劣产品，侵害消费者的合法权益，给购买者造成直接经济损失。

资料来源：http://www.ah.anhuinews.com

自会展诞生之时，作为一个汇集人流、物流的公共平台，会展治安问题就与之相伴相随。一个会展治安的好坏，也是衡量这届会展成功与否的关键因素之一。因此，会展现场治安主要实行以下管理办法。

① 会展现场实行安全保卫责任制。按照"谁主管、谁负责"的原则，制订安全保卫方案，提高与会人员安全防范意识，自觉遵守会展的各项规定，共同维护会展的秩序，确保会展的现场安全。

② 加强会展的证件管理。参展、观展及工作人员须将会展证件挂在胸前，服从和配合安保人员检查。不准将证件转借他人和带无证人员进馆。

③ 做好安全防盗工作，妥善保管好参展样品和个人随身物品。每天闭馆前，将贵重展

品存放在展柜或保险柜内，也可采取其他有效保护措施。任何单位和个人不得将展、样品摆出展位外。开、闭展时要清点好数目，如有丢失要及时报告大会安保组。

④ 完善展馆监控系统。及时对系统进行升级，确保场馆内监控无死角。为整个会展期间的人身安全和物品安全做出保障。同时，馆内出现问题主办方可以第一时间知道，以便及时解决问题。

⑤ 会展期间展品只准进，不准出，如果需要运出展品，须经主场服务商同意，并开出馆证明。

⑥ 凭证运输参展样品。筹撤展期间，运送参展样品的汽车，按指定地点临时停放，凭有效证件，经保卫人员查验后放行。进入馆区的汽车须服从交通管理人员的指挥，按规定路线行驶。

⑦ 在布展、预展期间，主办方应对展台进行清查，对未报到的展商展台进行功能变更或封闭，确保在开展之前没有"展虫"伺机混入现场。并将布展的参展商与楣板所标示的公司名称进行一一核对。

⑧ 展中加大现场巡察力度，对游击兜售的"展虫"采取劝离现场或其他措施。对展商提前撤展的展台予以及时封闭。如果发现参展公司展出展品与合同描述不符，应当要求其撤下超越展品范围的展品，并对其进行警告，再次发现此类情况将对其展台进行封闭。在执行以上措施时有必要做好影像人证、物证记录，并注意方法，严防意外。

7.2.2 防火问题

（1）落实防火安全责任制

① 每个参展单位选出一位负责人为该会展展位的防火负责人。防火负责人需熟悉消防规定和消防器材的使用。

② 认真贯彻落实《中华人民共和国消防法》（以下简称《消防法》），制订消防工作防范措施，严格落实防火责任制，加强检查，加强管理，发现问题及时解决，把火灾事故隐患消灭在萌芽状态。

（2）场馆消防措施完备

① 展馆需配备完备的防火设备。每个场馆内都配备相应数量的手提灭火器，当刚刚起火或局部起火时，可用防火器将其扑灭。整个场馆需被防火喷头覆盖，以防遇上大型火灾，可启用装置将大火扑灭。此外，还需配备防火水炮、火灾报警系统、排烟系统等。

② 展馆的紧急出口标志醒目。

③ 凡有消防设施的地方，搭建展位时不得阻挡。

（3）消防通道始终保持畅通无阻

根据《消防法》第十六条规定，要保证各展馆疏散通道、安全出口畅通无阻。馆内主要通道宽度不小于 6 米，次通道不小于 3 米。严禁在黄线内布展；不得将展样品悬挂在消防、配电、空调设施或天花板上，违者造成设施损坏和不良后果的，除照价赔偿外，还要追究相关的责任。布展、撤展期间各种装修材料、展样品不得堆放在展厅门口或展馆通道上，以免堵塞消防通道。

（4）展位装修消防安全要求

展位装修建设应将建筑工程的消防设计图纸及有关资料报总公安消防机构审核，未经审核或经审核不合格的，建设单位不得施工。

① 各参展、筹展、施工人员，需自觉爱护展馆内的各种消防器材和设施。严禁阻挡、圈占、损坏和挪用消防器材，装修设计和施工不能超过展位的垂直投影，不得占用通道。

② 所有装修和装饰材料均应采用不燃或难燃材料。展馆内不得使用未经阻燃处理的草、竹、藤、纸、树皮、泡沫、芦苇、可燃塑料板（万通板）、可燃地毯、布料和木板等物品做装修和装饰用料。装修搭建中建议展示选用防火板材或使用的材料涂有防火漆。

③ 电气产品的安装、使用和线路、管道的设计和敷设，必须符合国家消防安全技术有关规定。各施工单位进场布展前，用电负荷需被审核，经检查合格后方可通电。

④ 广告牌、灯箱、灯柱内须留有对流的散热孔，日光灯镇流器应采用消防科研单位检验合格的产品。筒灯、射灯、石英灯等灯具的安装需与展品、装饰物等保持 30 厘米以上的距离，并加装接线盒，电线不准外露。

⑤ 展馆各展位不准使用电水壶、电炉、电烫斗等大功率电器设备，如确实有需要，须向主场服务商申请批准后方可使用。大功率的灯具（100 瓦以上）应加装防护装置，并安装在不燃结构上。

⑥ 电工须持证上岗。重点展区和自行搭装的展位、中心展台等，须有专职电工留守值班。

（5）严禁携带易燃易爆等危险品进入展馆

为确保会展安全，下列危险品不准带入馆内：烟花、爆竹、汽油、煤油、酒精、香蕉水、氢气以及保卫部门认为可能威胁展馆安全的物品，此类样品只能使用代用品。展览会闭幕后，所有化工展样品应自行带出馆外。

（6）认真做好清场工作

① 筹展期间使用的各类展样品包装箱、纸屑等杂物务必在开展前及时清理出馆外，严禁将其存放在展位内、柜顶或展位板壁背后。

② 清理摊位内的可燃杂物、火种和其他灾害隐患。

③ 关闭馆内所有电源。

7.2.3 踩踏问题

踩踏事件是在公共场所遇到火灾、枪击抢劫、恐怖袭击等突发事件导致人潮拥挤、离场无序，多人摔倒没有时间和空间及时爬起，被后面人群踩在脚下或压在身下的事故。当开展时展馆内人头攒动，展览的物品更是琳琅满目，是名副其实的公共场所，也是引发踩踏事故的场所之一。纵观历史上发生的踩踏事件大都造成严重的人员伤亡，轻则造成交通混乱，重则严重影响社会治安秩序，造成极坏的社会影响。

【案例 7-3】 德国音乐节踩踏事件

"惊！悲伤！"——德国媒体报道充斥着灰暗。对于之前还在盛迎全球最大音乐电子节到来的德国人而言，"爱的大游行"业已成为鲜血淋漓的惨剧。德国西部城市杜伊斯堡"爱的大游行"活动现场，狂欢瞬间转为悲号，踩踏事故突然而至，目前造成至少 19 人死亡，342人受伤。惨剧原因初步指向人群过度拥挤造成失控，陷入舆论指责旋涡的主办方表示，有21 年历史的音乐节将就此终止举办。

"爱的大游行" 1989 年于柏林首次举办，初衷是倡导民主和德国统一。近年来，这一世界最大电子音乐节的参与人数连续突破百万，在杜伊斯堡市老火车站附近举行。据德国《图片报》报道，活动于下午 2 点开始，到 5 点左右，准备进入场地的人仍然很多，入口的两个隧道相对较窄，造成人员滞留和拥挤。事故发生前，维持治安的警察曾多次关闭隧道入口，试图将蜂拥而至的电音迷拦截，再分段放行。然而5点14分左右，当数千人推挤着通过200米长、20米宽的隧道入口时，突然有人试图翻越警方设置的隔离栅栏，却因身体失控落入人群，造成慌乱。众人推挤间，踩踏事故发生了。

资料来源：http://www.world.huanqiu.com

7.2.3.1 产生踩踏的原因

① 人们受到惊吓，产生恐慌时

如在展馆内听到爆炸声、枪声，或是场馆起火、发生地震时出现惊慌失措的失控局面。奔跑、逃生是人类的本能。大多数人都会因为恐惧而"慌不择路"，引发拥挤甚至踩踏。

② 人们受情绪影响过于激动、兴奋或是愤怒失去理智时，危险往往更容易产生

在会展中常有展商为吸引观众，邀请名人、举办名家签售会等。这样的活动会使得人流短时间地聚集到展馆的一处，也会使人们处于一种兴奋的状态。或是在馆内由多人引发规模性的打架斗殴现象，引起了群众的愤怒，从而导致局势混乱。这些情况会导致人群拥挤，如果前面有人摔倒，而后面不知道的人继续前行，那么人群中极易出现像"多米诺骨牌"一样连锁倒地的拥挤踩踏现象。

③ 人们受好奇心驱使时

向人多拥挤处聚集探索究竟，造成了人群不必要的集中，从而引发事故，导致踩踏事件。

7.2.3.2 如何应对踩踏事件

① 当场馆中遇到人流拥挤时，首先要保持自己情绪稳定，时刻保持一颗清醒的头脑，不要受其他人情绪的感染。心里镇定是逃生的前提。

② 顺着人流走，尽量走在人流的边缘，切记不可逆着人流前进，否则很容易被人流推倒。此时脚下要敏感稳住重心，身体不要倾斜，不要被磕到、绊倒。即使鞋子被踩掉，衣服被拉扯，也不要弯腰去提鞋带或者整理仪容。因为弯腰或者蹲着极易被人流推倒。

③ 在拥挤的人群中，要左手握拳，右手握住左手手腕，双肘撑开平放胸前形成一定空间呼吸。

④ 如果途中遇到商店、咖啡馆时，可进入暂时躲避，待人群过后，迅速而镇静地离开现场。

⑤ 没有时间躲闪时，选择过道处行走，应远离展览区域尤其是特装区，以免被高空悬挂的灯牌、展板、展楣、装饰物等砸伤或压伤。

⑥ 一旦被挤倒，要尽最大努力站立起来。没办法站起来的情况下，应设法移动靠近墙角，迅速使身体蜷缩成球状，双手紧扣置于颈后，保护好头、颈、胸、腹部，同时尽量露出口鼻，保持呼吸通畅。

⑦ 当发现前方有人摔倒后，旁边的人一定要大声呼喊，尽快让后面的人群知道前面发生什么事。否则，后面的人群继续向前走很容易发生拥挤导致踩踏事故。

7.2.3.3 预防踩踏事件

(1) 加强场馆内部的安全管理

① 工作人员及时疏导人群 展馆内的工作人员要常常巡场，在过道的十字交界口或者可能造成人群聚集的地方，如舞台区、签售区、有节目表演的展位等设固定人员留守

疏导。当这些区域或进出口出现拥堵情况时工作人员应及时疏导人群，避免踩踏事件的发生。

② 展馆设置医务室　可使在踩踏事故中受伤的人及时医治，以防伤情恶化。

③ 做好安全检查工作　开展前，检查展板是否固定，以防在拥挤的人群中展板被推倒导致人员受伤。检查特装区域的灯牌等物品是否牢固，以防在人员拥堵时灯牌、展架等物受冲力或晃动脱落、坍塌导致人员被砸伤。此外，须确保展馆内灯箱供电稳定，以免发生事故时馆内停电使得群众产生恐慌情绪，慌乱中发生事故。

④ 确保道路通畅　在场馆中的每条过道上，不得放置任何物品，以保道路通畅。须及时清理过道的杂物，防止在人们慌乱行走时踩到杂物而跌倒。

（2）提高人们的安全意识

① 在参展手册中，将参展的安全要求和注意事项明确列出，要求展商严格遵守，对自己及对他人的人身安全负责。

② 向入馆参观的观众发放《展馆安全须知》手册，让观众提高防范意识，防患于未然。如果遇到事故该如何应对，了解如何自救，将事故伤亡降到最低。

对展馆工作人员进行安全培训，提高工作人员的责任意识。在遇到突发事件时，做到临危不乱，对拥堵的人群进行及时的疏导，稳定现场秩序。

7.3　会展安全管理

7.3.1　会展安全管理原则

① 采取"谁主办，谁负责"的原则。举办的会展活动都有明确的目的性，其中展销类的会展活动具有浓厚的商业气息。在会展活动的举办过程中，作为会展主办方，往往考虑更多的是商业利益，期望以最小的投入获取最大的收益。在利益驱使下，往往把会展活动的安全保卫工作放在第二位，甚至更次要的位置。因此，依据"谁主办，谁负责"原则作为支撑，把"主办与安保"责任捆绑，以此来落实安全管理工作。并明确主办单位应该把确保会展活动的绝对安全作为第一的责任规定。

② 坚持"谁审批，谁负责"的原则。"谁审批，谁负责"是把好会展活动的第一关，是安全防范的首要环节。公安机关往往是所有会展活动的审批机关。公安局根据行政许可法的有关规定，对申报的会展活动进行审核和批准的同时，更要对即将举办的会展活动的性质、内容、规模进行判断，认真检查安全防范措施以及制订安全保卫工作方案。

③ 坚持"属地管理为主"的原则。由于会展活动的与日俱增，公安局不能也做不到包办一切，必须依靠属地来管理。每次的会展活动，都会根据会展活动的主要地域和重要性来确定警察比例。

④ 前期部署，加大警力的投入。每次会展活动，公安局都会发布安全保卫方案，包括组织领导、警力部署、工作要求。尤其是详细地将警力部署工作落到实处，如现场的保卫工作、交通秩序管理、消防安全管理、治安管理等方面。此外，由于举办的会展活动形式多样，参与人数剧增，给公安部门的安全保卫工作带来了很多的困难。像服装、副食品类展销会，由于往来的人员较多，容易引发偷窃等治安事件，所以每个摊位附近都有警察或便衣巡视。

7.3.2 会展场地安全管理方案

7.3.2.1 安全措施的建立和实施

会展举办具有规律性和周期性，可以根据会展的类型和规模，搭建场地管理指挥平台，设立综合协调组、应急行动组、场地展务组、联络服务组、展场保安组、水电保障组、签约服务组、弱电管理组、保洁服务组、撤展组等服务工作小组，建立相应的职责规范，配备专业人手，明确各个层面的工作职责，为会前筹备和现场管理提供有力的保障。会展场地安全管理组织结构如下图所示。

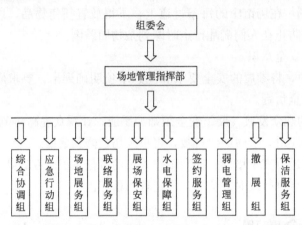

会展场地安全管理组织图

7.3.2.2 建立安全疏散预案

为了有效预防事故发生，通过事故救援预案来加强引导，针对可能发生的事故采取抢救行动和补充措施，成立应急领导小组，制定安全疏散预案，遇到突发事件，可以直接启动应急行动。

① 防火演习。会前进行防火演习，以检验消防应急人员的实际操作能力，通过演习来提高会议工作人员的防火意识，掌握灭火器、消防栓的使用方法，了解水炮的位置、喷淋设施的作用以及使用方法，正确计算出每一步应急行动需要的时间。

② 制定安全应急策略。按照制定的应急策略，突出自救意识、自救能力、组织纪律和服从等方面的宣传，熟悉紧急情况的处理方法和人员疏散程序，增强消防人员稳操胜券的信心和决心。

7.3.2.3 制定过程控制策略

（1）提前进行设备整改

对弱电控制设备、中央空调、备用电源、消防水池、水炮、喷淋设备、消防通道、灭火栓等设施设备，在会前邀请专业人员和资质部门工作人员现场检查验收，必须更换的配件立即更换，必须维修的设备立即维修，必须增添的设备立即添置，做到设备运转正常，确保万无一失。

（2）严格执行施工规范

展示展览类大型集会发生火灾，主要源于没有使用防火材料，铺设电线不规范、用电负荷超标、非标准配件导致接触不良起火等。因此，对布展期间使用的装饰材料、铺设线路的检查要严格要求，按照《会展工程安装标准》和其他有关技术规范的要求，不达标的材料、

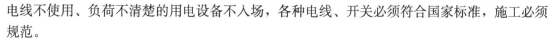

电线不使用、负荷不清楚的用电设备不入场，各种电线、开关必须符合国家标准，施工必须规范。

（3）发挥标志导向功能

在展场的醒目位置、关键路口、场内和场外的各个关口，尤其是安全出口、消防通道等，均设置各种各样的导示图、标志牌等。对安全出口通道、进出秩序、饮水、就餐、防滑、公厕、停车等进行指示，为方便市民参观购物，为紧急情况下疏散人群起到很好的引导作用。

（4）严守关键性技术控制岗位

监控、弱电控制、广播、消防、水电等专业性较强的关键性技术岗位，必须安排专业人员轮流值守，以便发生事故后能够运用监控功能和广播，对事态进行控制，有组织、有秩序地正确引导群众撤离展场。

7.3.3 会展场地安全措施

7.3.3.1 措施落实到位是安全管理的核心

（1）安全责任实行问责制

根据展览活动消防安全管理的相关规定，以及大型社会活动治安管理条例等法律、法规精神，会展应当由一名主要领导全面负责各项安全管理工作，实行问责制，并配备一定数量的、具备一定安全管理工作经验的管理人员具体负责会展的日常安全管理工作。制定会展安全管理制度，制订会展安全保卫工作方案，组织充足的安全保卫力量。

（2）正确划分责任区域

展览馆的安全保卫机构，作为展场的安全维护者，应当在布展商进场前，与之签订安全责任书，分清责任区域，明确会展期间布展商、参展商、场馆之间各方的责任和义务，确保会展期间的安全问责有保障。

（3）把好布展材料关口

除了布展商需要具备资质、施工人员持证上岗外，还应当严格遵守场地管理方提出的消防安全规范，展位应使用阻燃材料，如确因展示效果需要而使用木质、聚苯或其他易燃材料用于装饰时，必须对所使用的材料做防火阻燃处理，使用前须经消防部门鉴定阻燃指数，达标后才能使用。

7.3.3.2 保障人身安全

（1）防止展位倒塌伤人

布展时，要严格按照相关安全操作规程施工，保证展架的安装牢固可靠，防止发生展架倒塌等安全生产事故；布、撤展施工过程中，布展商和撤展组要加强各项安全防护措施，确保不发生人员伤亡事故。

（2）防止危险品进入展场

展区内严禁吸烟，严禁明火作业，严禁使用或存放各类易燃、易爆等危险物品。并设置醒目的标志。展位的设计和搭建施工过程中，严禁遮挡消火栓、消防器材和堵塞、占用各安全出口及疏散通道，确保所有疏散通道、安全出口的畅通。

（3）防止人员滑倒

会展现场人流量大，洗手和用餐取水、下雨等因素可能导致地面容易滑倒伤人，专业性强的展览馆或专业性会展，例如农产品交易会，品尝产品后地面的瓜皮果屑也容易导致滑倒伤人。因此，必须设置醒目的防滑标志和采取防滑措施。

（4）避免发生暴力事件

会展交易中出现假钞或其他原因，可能引起冲突；制止假冒伪劣产品，也可能发生冲突。因此，需要组建一支训练有素的、文明礼貌的安全警卫队和一支行政执法队伍，才能保证会展的现场安全。

本章小结

在会展举办期间突然发生造成或者可能造成重大伤亡、重大财产损失和重大社会影响的突发事件或状态即为会展突发事件。主要有以下共同特点：一是突发性。事件爆发的时间、规模、具体态势和影响深度，经常出乎人们的意料，即事件发生突如其来，一旦爆发，其破坏性的能量就会被迅速释放，并呈快速蔓延之势，而且事件大多演变迅速，解决问题的机会稍纵即逝，如果不能及时采取应对措施，将会造成更大的危害和损失。二是公共性突发事件的影响和涉及的主体具有公共性，突发公共事件的直接涉及范围不一定是在普遍的公众领域，但是事件却会因为迅速传播引起公众的关注，成为公共热点并造成公共损失、公众心理恐慌和社会秩序混乱。三是不确定性和多变性，不确定性表现在原因、变化方向、影响因素、后果等各方面都无规则，事件瞬息万变，难以准确预测和把握。不确定性和人类理性的有限使得人们在事件面前往往无所适从，更增强了恐慌感并扩大不安全感。四是事件的多样性，也称事件的独特性。突发公共事件的发生、发展具有不同的情景，在表现形式上各有特色。五是危害性。会展活动突发事件的危害性突出地表现在：公众生命受到威胁；经济上遭受重大损失；正常的活动秩序遭到破坏；此外，突发公共事件还会给人们心理造成无法用量化指标衡量的负面效应。六是信息的有限性。由于突发公共事件的随机性和不确定性，很多信息是随着事态的发展而演变的，而时间的紧迫性使得决策者掌握的信息有可能不全面，得到的信息不及时，并且在信息的反馈和处理过程中，信息的准确性和有效性也难以保证，导致信息失真，这是对决策者最严峻的考验。

会展安全危机就是指意想不到、突然发生的、对组织或公众不利的重大事件。包括因天灾、火灾、爆炸以及工业设施的重大事故；或因偷窃、破坏秩序等治安原因引发的危机；以及因食品、交通安全引发的公共危机等。踩踏事件是在公共场所遇到火灾、枪击抢劫、恐怖袭击等突发事件导致人潮拥挤、离场无序、多人摔倒没有时间和空间及时爬起，被后面人群踩在脚下或压在身下的事故。当开展时展馆内人头攒动，展览的物品更是琳琅满目，是名副其实的公共场所，也是引发踩踏事故的场所之一。纵观历史上发生的踩踏事件大都造成严重的人员伤亡，轻则造成交通混乱，重则严重影响社会治安秩序，造成极坏的社会影响。

复习与思考

1. 什么是会展突发事件的共同特点？
2. 会展安全危机包括那些危机？
3. 简析国外处理会展突发公共事件的经验。

4. 会展中存在的治安问题存在哪些方面？其管理办法是什么？

5. 如何落实防火安全责任制？

6. 产生踩踏的原因有哪些？如何应对踩踏事件？

7. 简述会展场地安全管理方案。

8. 论述会展场地安全措施。

案例分析：温州市会展活动公共安全管理问题分析

近五年，温州市在举办大型会展活动中没有出现大的事故和差错，这归功于温州市在公共安全管理过程中采取了一些科学、规范的方法和措施。但是，温州市会展公共安全管理机制中还存在着许多突出问题，主要有以下几个方面。

① 思想认识上的偏差。在温州市，无论是大型的文体类活动还是会展活动，一提到活动的公共安全管理工作，自然而然就会联想到公安机关。而政府也同样存在认识上的偏差，以为公共安全管理就等同于安全保卫工作。所以，在部署大型活动的专题会议上，公共安全管理责任自然落在公安部门头上。而公共安全的含义很广，包括生产安全、公共治安、食品安全、公共卫生安全等各方面。这些工作也并非一个公安机关就能全权担当得了的。

② 管理的主体过于单一。由于思想认识上的偏差，也就导致了活动的公共安全管理的主体的单一性。本市举办的大型活动，几乎都是由公安机关负责安全保卫。其实，我们应该可以想象得到以公安为主，其他单位或者保安、志愿者为辅的协同共管的局面。

③ 管理的方法过于被动。查看温州市公安局关于大型会展活动的安全保卫方案，很快能发现，所有的方案都非常雷同，千篇一律地从治安安全到消防安全，针对性非常欠缺。如中国（温州）国际电力电工及高低压电器展览会，像这样的展览会，温州市公安局发布的保卫方案仍然是"老三样"（治安、消防、交通安全），而没有考虑到电器类展销容易引发的是产品的质量方面的安全。

④ 管理的过程耗费太大。目前温州市对大型会展活动的安全管理主要是以出动众多的警力为主，包括调动各区、县公安局的警力。仅以 2006 年为例，举办涉及 31 项、164 场的大型会展活动，平均每月举办 14 场。2006 年公安机关共抽调警力 8859 人（次），平均每场投入警力 54 人。可以推算，每天就要 20 多个民警从事会展安全保卫工作。由于举办大型会展活动的频率越来越高，每天的 20 多警力，绝大多数要从基层派出所抽调。采取类似的人海战术，人盯人，人防人，或者是干脆以简单粗暴的方法来"堵"、"封"、"截"人流量，但是这与活动举办的初衷——或活跃经济或推广城市形象或丰富人民群众的业余生活等是完全违背的。

⑤ 法律分类不够细。对于大型活动我们能参照《中华人民共和国行政许可法》、公安部于 1999 年 11 月 18 日发布的《群众性文化体育活动治安管理办法》、2006 年浙江省公安机关发布的《大型活动治安管理工作规范》，以及 2007 年 8 月 29 日国务院第 190 次常务会议通过的《大型群众性活动安全管理条例》。遗憾的是，虽然已经有法律，但是法律的分类还不够细化，没有专门针对大型会展活动的法律。公安机关大型会展活动保卫工作的依据不足，直接导致了管理层面不清，工作指导不力，甚至保卫工作不落实等一系列问题，这已经

影响和制约了大型会展活动保卫工作的深入开展，成为一大"瓶颈"。

从温州会展活动安全管理的现状分析，现有的安全管理机制的特征和存在的问题是危机控制机制存在较大缺陷。危机的控制机制是危机管理的一个核心环节，其控制能力的强弱、控制方法是否科学得当，直接关系整个管理活动的成败。在温州会展安全管理过程中，控制机制显得尚未满足对客观事务管理的需要，具体表现在如下几个方面。

（1）前馈控制较为薄弱

① 安全教育培训体系未完备。大型会展活动因涉及的人员众多、活动分布的场景广泛，像2006年11月17日—20日举办的第二届中国（温州）特色农业展览会，除了开幕式活动还有一系列的活动，包括展销采购会以及各驻点召开系列新闻发布会、欢迎宴会、市长论坛、主题报告和各县（市、区）配套节庆和农产品评比等活动项目，参加的人数达数万人，包括国内外有关代表和专家。再如，温州瑞安市马屿镇曹村的灯会，每年举办一次，每次都是人流如潮，人数众多可以万计，而曹村的路又是狭窄的，一旦发生火灾或者人群拥挤很容易发生突发性事故。如此类大型会展活动，都需要利用媒体等宣传手段对广大的民众进行事前的风险意识培训及应急情况下的常识教育，以防在活动中发生踩踏等突发事件。

② 相应的法规建设滞后，在行政许可法出台后，政府行政手段的运用受到法律的极大约束。对社会事务的管理以法无明文禁止即为可行的原则。目前虽然《大型群众性活动安全管理条例》已经颁布实施，但是专门针对大型会展活动的法律文本还缺乏。

③ 防范管理力量未能充分整合，会展活动举办前，没有根据会展活动的类型将各部门召集在一起，做到充分防患于未然。例如，农产品博览会，应该把农林、质监、卫生、公安等部门充分整合，突出各部门职责。再如，世界温州人大会暨2003年轻工博览会是规模大、规格高、人数多的一次重大国际性的会展活动，举办前应该考虑详尽周全，尽可能把前期的公共安全管理工作做到位，比如，防范恐怖分子搞破坏等。

（2）实时控制手段原始

① 目标监测手段落后。会展活动举办过程中，通常以在会场驻地被动的巡逻、设卡，或者是在某段拥挤的地段封道限制人流量为主要手段，以确保不发生拥挤踩踏等事件。

② 应急预案的建设自成体系，管理分散，没有建立协作统一的管理平台，部门、县、区的预案建设与市政府的预案不协调一致，在实际运作中未严格按照预案要求操作，往往依靠老经验行事。造成日常管理中系统性不强，管理资源分散，部门分兵把守、各自为战，缺乏管理资源和信息的共享，在这种分散管理的体制下，政府对区域内的公共安全信息不能全面了解，对各种安全隐患不能及时消除，对各种危机的发生不能事先有效阻止，结果造成危机发生，同时加大了政府的管理成本。也使得预案成为一种摆设，不但没有促进管理工作，反而成为一种工作负担。

③ 应急预案的建设仅考虑事中的具体处置，对事前的预防重视不够。

未能坚持预防与应急相结合，常态与非常态相结合，做好应对突发公共事件的思想准备、组织准备以及物资准备等。

（3）反馈控制未有效开展

历年来，在每次会展活动开展到结束，都没有对整个政府管理体系进行评价，然后把评价结果反馈到危机管理体系之中，从而得到改进和提高。对于预案的可行性和可操作性也没

有很好地评价和改进。

资料来源：高晓欢．温州市大型会展活动公共安全问题与对策研究［D］，2007

讨论题

1. 分析温州市会展公共安全管理机制中还存在许多突出问题的原因。

2. 在温州会展安全管理过程中，其控制机制尚未满足对客观事务管理的需要，讨论该如何改进。

8 会展事故处理

【学习目标】

　　学完本章，你应该能够：

　　1. 了解应急预案的基本概念；

　　2. 掌握紧急救援组织体系的构成；

　　3. 熟悉紧急救援程序的步骤。

【基本概念】

　　会展应急预案　会展事故处理　紧急救援

8.1　应急预案

8.1.1　应急预案的特点

　　应急预案最初大量应用于安全生产当中。"非典"事件之后，国务院开始着手建立国家应急管理体系，这实际上是将在安全生产领域应用得比较成熟的应急管理方法，推广至自然灾害、公共卫生和社会安全领域，并将《中华人民共和国突发事件应对法》（以下简称《突发事件应对法》）提升为国家制度。由于应急管理地位重要，全国已经制定各类应急预案135万多件，各省（区、市）、97.9%的市（地）和92.8%的县（市）和100%的中央企业均制定了总体预案。

　　相比于以往零散分布的各种预案，新的应急预案制度具有以下两个明显的特点：第一，体系化。新的预案体系按照自上而下的行政关系逐级编制，具有完整的层级机构和内在逻辑。根据《突发事件应对法》的要求，在我国五级行政管理体制中，除乡级人民政府以外，国家、省、市、县四级人民政府均要建立应急预案体系。这就意味着应急预案体系在纵向上至少包括国家、省、市、县四个级别。从功能和适用范围来看，应急预案体系本身可以分为综合预案、专项预案、现场预案及单项预案，这就意味着应急预案体系在横向上又有多个层次。第二，整体性。新的预案体系是针对我国新的应急管理体制、机制、法制设计的，它必须服从于"一案三制"的整体目标。其中，体制设计解决的是应急管理主体的问题，通常包括指挥主体、协调主体、行动主体等；机制设计解决的是应急响应程序的问题，通常包括预防与准备机制、监测与预警机制、救援与处置机制等；法制设计解决的是应急规则问题，对应急响应主体之间的权责关系和应急响应程序的合法性进行明确的法律界定；应急预案则是应急行动计划，对应急响应主体、响应程序和响应规则在突发事件发生之前即作出安排与明确，它是应急响应的操作手册，直接决定应急响应的行动方案与行动后果。

　　应急预案、体制、机制与法制四者之间互为依存、相互制约，应急预案是对体制、机制与法制的文本说明，而应急体制、机制与法制也必须落实于应急预案之中。因此，某件特定应急预案的编制，除要考虑到预案文本表述外，更要关注预案体系的层级结构和"一案三制"整体设计。

8.1.2 应急预案体系

应急预案可以按多种标准进行分类，如按适用对象来分类，可以分为总体应急预案和专项应急预案；按处置主体来分类，可以分为社会实体应急预案和子实体应急预案，相对于子实体应急预案，社会实体应急预案也可以称为全局应急预案，相对于社会实体应急预案，子实体应急预案也可称为局部应急预案或部门应急预案；按预案作用来分类，可以分为环境应对应急预案、目标业务处置应急预案和外部协同应急预案等。

应急预案体系在纵向上应该覆盖社会实体和实体中的各部门，横向上应该覆盖社会实体生存的自然、社会甚至国际环境、社会实体本身、国家以及其他社会实体的协同等。应急预案体系基本模型如图 8-1 所示。

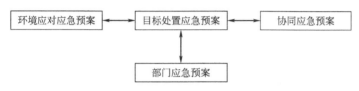

图 8-1　应急预案体系基本模型

图 8-1 中目标处置应急预案体现的社会实体危机处置的目标，是社会实体的全局应急预案；部门应急预案体现为实现社会实体的目标需要部门协同，是局部应急预案；环境应对应急预案体现社会实体为实现目标需要做的适应与调整，这里，环境包括自然环境、社会环境甚至国际环境，环境应对应急预案可以是全局专项预案，也可以是局部部门预案；协同应急预案是社会实体与国家、社会协同的应急预案，是实现国家和社会更大的目标或者更好地实现自身目标的应急预案，体现社会实体的社会责任以及与社会的联系和合作。协同应急预案可以是全局预案，也可以是局部预案。

8.1.3 应急预案的编制

应急预案的编制、应用与优化可从预案体系的逻辑结构、"一案三制"综合体系和三个维度进行设计和实现，对于已经初步建立起来的应急预案体系，应理清预案之间的层级关系，改进应急管理制度，明确应急资源，对应急管理体系进行整体优化。

（1）体制设计

① 成立应急工作组，主要职责是在突发事件发生后，迅速赶赴现场，指导、协调相关部门，做好事发现场的疏导；协调应急装备和人力、物力的调集；及时将有关情况向应急指挥中心报告；结合工作实际，根据现场指挥部的指令，及时指导调整处置方案和计划。

② 成立应急值班室，主要职责是实行 24 小时接警值班制度；对于所接到的报警信息，在进行记录和核实后，按规定报告程序和时限向主办方汇报。报告内容主要包括：时间、地点、信息来源、事件性质、危害程度、影响范围、事件简要经过与发展趋势、已经采取的措施、需有关部门和单位施救和处理的有关事宜、报告单位、签发人、报告时间等。

（2）机制设计

① 预防与应急准备机制　其核心就是进行会展事故的调查和评估，并及时采取相应

措施。

② 监测与预警制度 其核心是现场巡查以便及时发现会展事故，并采取相应措施。

③ 救援与处置机制 其核心是运用应急预案相应措施进行会展事故处理。

（3）预案的文本表述

应急预案最终是用于应急管理实践的，因此预案的文本表述应尽量符合现实。从本质上讲，应急管理就是管理者对突发事件的应对计划，其表述是否符合现实，主要取决于两个因素：一是对突发事件的认知程度；二是管理者的应对行为。

因此预案文本的表述可从以下两个方面着手：

① 对突发事件发生时的场景想象要尽量接近真实；

② 对应急行为的说明要尽量明确。除了只写目前能够做到的以外，关于应急行为的表述还应指明"谁来做"、"怎么做"、"做什么"或"用什么来做"。因为一旦预案启动并应用，那些缺乏主语的应急行为将找不到确定的责任主体，容易造成相互推诿；那些缺乏宾语或表语的应急行为将将变得难以操作，因此表述明确是十分必要的。

8.1.4 应急预案在会展中的应用

风险无处不在，会展活动也常常出现各种各样突发的风险事故。举办会展活动的场地一般都是在大型场馆、露天或特定的公共聚集场所，会展举办期间集中汇聚了大量的人群，一旦有事故出现，由于人们的恐慌心理及其他原因，极易造成连锁反应，出现常态下不可想象的事故后果，拥挤是造成事故扩大化的最主要原因。会展活动中发生事故具有其自身的特点：人群密集性、突发性，不确定性、社会影响性，非程序化决策等特点。为了及时采取抢救行动和补充措施以便有效控制事故后果，则须编制应急预案，指导事故状态下的应急行动。

会展事故处理是一种应急性的公共关系。越是危机时刻越能昭示出一个优秀会展企业的整体素质和综合实力，会展事故处理得好，往往可以使危机变为商机，公众将会对企业有更深的了解、更大的认同，优秀的企业也因此脱颖而出。因此，在会展事故面前，发现、培育进而收获潜在的成功机会，就是会展事故处理的精髓；而错误地估计形势，导致事态进一步恶化，则是不良会展事故处理的典型特征。会展事故处理是全方位的、系统的、为企业更长远发展而进行的战略思考。而优秀的会展事故处理案例，往往源于制定完善的应急预案。

会展应急预案是建立在对会展风险源辨识基础上事先制订的用于应对危险发生时的行动计划，是对会展风险预控体系及其运作机制的描述文件。它以危机计划、特别领导小组、紧急救援体系、社会救助方案等介入企业领导管理过程，一旦会展活动局势恢复正常，应急预案就完成了使命。会展事故的发生是一种紧急情况，当会展事故的发生难以避免时，其后果轻则对生命、财产造成威胁，重则造成极大的伤害和社会及环境危害，应根据会展现场安全预警管理系统的模式进入危机管理状态。会展应急预案是针对预警和预控无法发生应有的效果情况，事前安排的紧急救援计划，以期在事故发生时能迅速展开紧急救援，实现在最短的时间内使会展事故造成的损失达到最小的目的。因此，对紧急救援的要求是计划的周密性、组织的有序性、程序的合理性。这就需要以会展场地提供方为主体结合相关部门针对不同情况制订救援计划、明确行动方案、调动必需的可靠资源保证事故现场救援工作的快速、有效。在策划、招商、布展、办展、撤展等过程中每个环节的安全措施是否得力，都会影响到下一环节的安全控制。因此，对于专业性会展服务体系，需要建立高效统一的指挥平台，正确定位会展风险，制订完善的应急预案，明确救援体系以及救援程序，做好过程控制，才能确保会展活动安全管理工作达到预期效果。

【案例 8-1】 慈溪家电博览会开幕式的工作原则

(1) 以人为本，科学决策

处置开幕式文艺晚会突发公共事件所采取的措施应该与突发公共事件造成的社会危害的性质、程度、范围和阶段相适应，把保障人民群众的生命财产安全和身体健康作为应急工作的首要任务，运用先进技术，充分发挥专家作用，实行科学民主决策，最大限度地减少突发公共事件及其造成的人员伤亡和危害。

(2) 高度重视，预防为主

坚持举办与安全并重，增强忧患意识，高度重视开幕式文艺晚会公共安全工作。按照预防为主和预防与应急相结合的要求，落实各项防范措施，做好应对开幕式文艺晚会突发公共事件的各项准备工作，对各类可能引发突发公共事件的情况要及时进行分析、预警，做到早发现、早报告、早处理。应急状态下实行特事特办、急事先办。

(3) 统一领导，分级负责

在市委、市政府的统一领导下，有关部门按照各自的职责分工和权限，负责有关事故的应急管理和处置。实行行政领导责任制，指挥部总指挥是本次开幕式文艺晚会突发公共事件处置工作第一责任人，各专业组组长是本工作组突发公共事件处置工作第一责任人。

(4) 快速反应，协同应对

事故发生后，及时启动相应级别的应急预案，严格落实应急处置行动责任制。建立联动协调制度，整合各方面资源，形成统一指挥、反应灵敏、功能齐全、协调有序、运转高效的应急管理机制，保证事故灾难得到快速有效的处置。

(5) 依法规范，权责一致

坚持依法行政，妥善处理应急措施与常规管理的关系，合理把握非常措施的运用范围和实施力度。依法保障责任单位、责任人员按照有关法律法规和规章以及本预案的规定行使权力；在必须立即采取应急处置措施的紧急情况下，有关责任单位、责任人员应视情况临机决断，控制事态发展；对不作为、延误时机、组织不力等失职、渎职行为依法追究责任。

资料来源：http://www.yjgl.cixi.gov.cn

8.2 紧急救援

8.2.1 紧急救援体系

会展事故紧急救援工作不可能仅靠场地提供方单独实行，需要各有关部门的协调和密切配合。当紧急情况发生时成立应急救援指挥中心，该中心的主体是现场应急救援领导小组，还包括上级主管单位及总指挥。一切指令通过指挥中心各主体进行横向协调后发出，指导会展现场内救援组织和社会救援组织的工作。会展事故紧急救援体系如图8-2所示。

在会展紧急救援体系中，会展活动场地提供方应急救援领导小组是现场应急救援工作的最高决策机构，负责对会展现场紧急救援工作的总体指导和紧急情况发生时的统一协调指挥。会展现场应急救援指挥中心是会展现场应急救援领导小组的日常办事机构，负责组织和

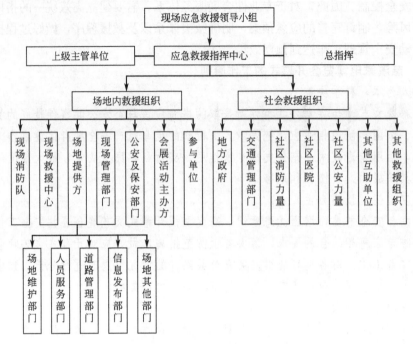

图 8-2　会展事故紧急救援体系图

协调会展现场应急救援工作并报告工作开展情况。上级主管单位主要负责对会展现场应急救援工作的检查和指导，审核会展现场应急救援预案制定的完整性和有效性，监督会展现场应急救援工作的开展情况。总指挥由会展现场管理机构最高领导或其授权的人担任，全面负责会展现场应急救援的指挥工作。紧急情况发生时，总指挥到场前，会展现场指挥官是紧急救援的最高指挥官；会展场地提供方、消防部门、公安/保安部门、医疗机构等在指挥中心的指令下按救援计划各司其职，是救援的主要力量。此外还有一些辅助部门：当地政府如司法部门、海关及邮政对一些恐怖活动，如非法劫持、炸弹威胁及爆炸事故等调查的事宜负责。熟悉会展场地的驻场单位及其员工是随时可得的最基本的设备和人力资源，但应在监督之下对这些人员进行布置并给他们指定任务以保证他们的人身安全。

8.2.2　紧急救援的原则

（1）公司统一领导，所属各部门协调配合，有关单位广泛参与

紧急救援体系建立涉及方方面面，是一项复杂的系统工程，各单位必须在公司统一领导下组织进行建设，同时根据公司管理原则，各部门、各单位要分工负责、协调配合，有关单位要广泛参与，积极组织，提高全体干部、职工对重大事故应急救援体系重要性的认识。

（2）启动迅速、措施得力、施救有效、运作可靠

紧急救援体系的特点是"紧急"，是在突发状态下的紧急处置；目的是"救"，减少安全事故和人员伤亡以及财产损失。应急救援体系的建设必须达到启动迅速、措施得力、施救有效、运作可靠。

（3）条块结合、以块为主、分类实施

会展事故现场紧急救援坚持以分公司、项目部为主，以各专业单位分类实施为辅的运作程序，公司应急救援体系属于场外应急救援体系。分公司、项目部结合本单位实际建立的重

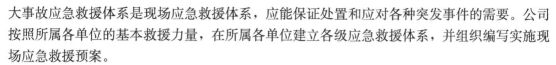

大事故应急救援体系是现场应急救援体系，应能保证处置和应对各种突发事件的需要。公司按照所属各单位的基本救援力量，在所属各单位建立各级应急救援体系，并组织编写实施现场应急救援预案。

（4）一专多能、平战结合

建立专业救援队伍直属于公司应急救援指挥部直接领导，不断补充装备、加强培训、扩展技能、提高素质，尽快建成符合智勇双全、一专多能的紧急救援队伍。使其在各种紧急状态下能够及时有效地施救，做到平战结合、一专多能。

（5）恢复善后功能

会展事故紧急救援行动结束后，事发单位应急总指挥要立即命令组织恢复重建行动小组进入恢复善后工作程序，根据事故类型和损害严重程度，宣布紧急救援状态结束；评价财产损失，评估应急救援效果；对事故原因进行调查；召开新闻发布会解释缘由、公布处理结果并致歉；工作通常由公司总指挥作出安排，有关部门与事发单位具体执行。

8.2.3 紧急救援的职责

① 全面落实国家和上级关于重大事故、灾害预防和应急救援工作的规定和指示，建立健全应急救援体系、预案和各级人员的责任制，对全公司的事故、灾害预防和应急救援工作全面负责。

② 负责应急救援预案的制定和修订工作。

③ 负责组建应急抢险及救护专业队伍，并组织实施和演练。

④ 检查督促做好事故预防措施和应急救援所需人、财、物等各项准备工作。

⑤ 事故、灾害发生时，要及时掌握灾情，果断决策，及时发布启动和解除应急救援行动的命令和信号，组织实施应急救援工作。

⑥ 负责向上级汇报和向友邻单位通报事故、灾害情况，必要时向有关单位发出紧急救援请求。

⑦ 根据上级指示和有关单位的救援请求，迅速调集人力、财力、物力支援友邻单位的应急救援。

⑧ 组织开展全员、全方位、全过程的事故、灾害预防和应急救援的宣传教育工作，提高全员的安全防范意识和应急救援能力。

⑨ 积极组织和配合上级进行事故的调查、处理，认真总结应急救援工作的经验教训，制订防范措施，做好善后事宜。

⑩ 经常开展事故和灾害预防性检查，把事故和灾害隐患消灭在萌芽状态，最大限度地降低事故、灾害带来的经济损失和减少人员伤亡。

【案例 8-2】 上海世博会的应急处置办法

（1）适用范围

本预案适用于世博期间因自然灾害、事故灾难、突发公共卫生事件和突发社会安全事件而发生的重大、较大和一般游客伤亡事件。

（2）突发事件的分类

按照突发公共事件的性质、严重程度和影响范围等因素，一般分为四级：Ⅰ级（特大红色）、Ⅱ级（重大 橙色）、Ⅲ级（较大 黄色）、Ⅳ级（一般 蓝色）。

（3）应急响应措施

① 针对突发公共事件，实施联动机制。建立并加强与相邻单位、公安、部队、边防等有关部门的协同应急联动机制和网络。

② 做好各级防御措施以及有关部门、专家要求的提示和其他应急措施。

③ 各类突发事件发生后，相关负责人员迅速到达岗位，保证迅速有效地控制突发公共事件的扩展和蔓延。

④ 全力组织排突工作，在第一时间内抢救伤员、立即对人员与车辆实施疏散。

⑤ 组织各类应急抢突物资落实到位，为防突工作提供全力后勤保障。

（4）应急处置

① 预警发布

根据有关部门提供的可能导致旅游突发公共事件发生的预告信息，以及有关涉及旅游安全的实际情况，适时通过媒体发布相关旅游警告、警示，并将情况及时逐级上报。

② 先期处置与信息报告

旅游突发公共事件发生后，应急协调指挥部应及时、主动、有效地进行处置，控制事态。

旅游突发公共事件发生后，应立即启动相关应急预案，现场有关人员应在立即采取措施控制和处理事态的同时，立即向应急协调指挥部办公室报告。报告内容主要包括事件发生时间、地点，事件情况，事件性质，事件发展趋势和采取的措施等。事件处理完毕后，及时上报完整书面报告。

（5）指挥和处理

① 指挥。

a. 指挥部办公室接到突发事件报告后，依据事件的性质和严重程度提出启动相应级别的应急预案的建议。

b. 相关部门应主动参与人员抢救和现场抢险等现场应急工作，并随时向上级主管部门报告应急处置的情况。

c. 相关单位按照突发事件的性质和分类，根据各自的职能分工，投入到应急工作中。

② 后期处理。

a. 各旅游企业应协助开展突发事件伤亡游客的医疗救治和善后处理，协助处理好突发事件的经济补偿，协助组织对突发事件救助工作。

b. 事件处理结束后，及时起草报告。

c. 根据事件暴露出的有关问题，进一步修改和完善有关防范措施和处置预案，提出修改或补充相关法律法规的意见。

（6）应急保障

各有关部门要按照职责分工和相关预案做好突发公共事件的应对工作，同时根据总体预案切实做好应对突发公共事件的人力、物力、财力、交通运输及通信保障等工作，保证应急救援工作的需要和灾区游客的基本生活，以及恢复重建工程的顺利进行。

① 物资保障　要建立健全应急物资储备、调拨及紧急配送体系，完善应急工作程序，确保应急所需物资和生活用品的及时供应，并加强对物资储备的监督管理，及时予以补充和更新。

② 治安维护　要加强对重点地区、重点场所、重点人群、重要物资和设备的安全保护，

必要时应请求公安部门予以依法严厉打击或依法采取有效管制措施，控制事态，维护社会秩序。

③ 人员防护　完善紧急疏散管理办法和程序，明确各级责任人，确保在紧急情况下游客安全、有序地转移或疏散。要采取必要的防护措施，严格按照程序开展应急救援工作，确保人员安全（人员疏散管理办法和程序按防汛防台预案执行）。

资料来源：http://www.fxq.sh.gov.cn

8.2.4　紧急救援的流程

从管理学的角度上来说，紧急救援实际上是一个应急管理的完整过程，为了形象地说明应紧急救援响应的全过程，图 8-3 描绘了一个突发公共事件发生后应急救援的全程管理。

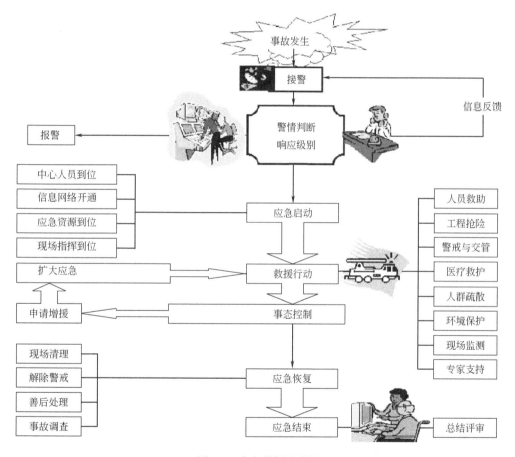

图 8-3　应急救援流程图

应急救援指挥中心接到报警后，应立即建立与事故现场的地方或企业应急机构的联系，根据事故报告的详细信息，对警情作出判断，由应急中心值班负责人或现场指挥人员初步确定相应的响应级别。如果事故不足以启动应急救援体系的最低响应级别，通知应急机构后和其他有关部门响应关闭。

应急响应级别确定后，相应的应急救援指挥中心按所确定的响应级别启动应急程序，如通知应急救援指挥中心有关人员到位、开通信息与通信网络、调配救援所需的应急资源（包括应急队伍和物资、装备等）、派出现场指挥协调人员和专家组等。现场应急指挥中心迅速启用，救援中心应急队伍及时进入事故现场，积极开展人员救助、工程抢险等有关应急救援工作，专家组为救援决策提供建议和技术支持。当事态仍无法得到有效控制，向上级救援机构（场外应急指挥中心）请求实施扩大应急响应。

救援行动完成后，进入临时应急恢复阶段。包括现场清理、人员清点和撤离、警戒解除、善后处理和事故调查等。

应急响应结束后应由应急救援指挥中心按照规定程序宣布应急响应结束。在上述应急响应程序每一项活动中，具体负责人都应按照事先制定的标准操作程序来实施。紧急救援运作机制主要由统一指挥、分级响应、属地为主和公众动员这四个基本机制组成。统一指挥是应急活动的最基本原则，应急指挥一般可分为集中指挥与现场指挥，或场外指挥与场内指挥几种形式，但无论采用哪一种指挥系统都必须实行统一指挥的模式，无论应急救援活动涉及单位的行政级别高低和隶属关系不同，但都必须在应急指挥部的统一组织协调下行动，有令则行，有禁则止，统一号令，步调一致。分级响应是指在初级响应到扩大应急的过程中实行分级响应的机制，扩大或提高应急级别的主要依据：事故灾难的危害程度、影响范围和控制事态的能力，而后者是"升级"的最基本条件。扩大应急救援主要是提高指挥级别，扩大应急范围等。属地为主是强调"第一反应"的思想和以现场应急现场指挥为主的原则。公众动员机制是应急机制的基础，也是整个应急体系的基础。上述这些应急机制应充分地反映在应急预案当中。

8.2.5 紧急救援计划

会展现场根据不同的紧急情况采取相应的救援计划，见下表。当事故等级为"紧急救援"时，各部门的行动计划如表中所示，其中现场组织管理部门将采取方案1的行动；当救援等级为"全面应急时"，现场组织管理部门只需采取方案2，若事故发生，则转为方案1；当救援等级为"原地待命"时，现场组织管理部门只需采取方案3，若事故爆发，则转为方案1。

会展现场紧急救援计划表

参与机构	行动计划说明
现场组织管理部门	方案1： 向救援指挥中心发出求救警报； 通知事故场地救援信息； 关闭受影响的场地和道路； 发表"紧急通告"。 方案2： 通知会展现场救援指挥中心及消防部门在预先确定的能迅速抵达现场的等待位置准备； 提供会展性质、展品明细、场内人数、困难的特性、安全通道、所属参展公司、场内危险品数以及位置等信息。 方案3： 通知会展现场救援指挥中心及消防部门按照可能发生的事故状况做好准备； 提供会展性质、展品明细、场内人数、困难的特性、安全通道、所属参展公司、场内危险品数以及位置等信息
救援指挥中心	拉响紧急出动应急救援警报； 通知各有关部门、总指挥到场； 成立有明显标志的现场指挥所； 如有需要，通知社会互助单位； 通报政府及上级机关； 通知事故现场救援事项，对上级单位加报事件处置情况等

参与机构	行动计划说明
消防部门	建立易于辨别的临时消防指挥所； 通知社区消防集合点； 消防指挥官由总指挥官授权统一指挥现场消防
公安、保安部门	在进出道路上为应急车辆开辟无障碍交通通道； 建立伤员鉴别分类区的救护车通道； 现场准入许可及救出人员的监护；疏导正常交通离开或绕过失事现场； 封锁现场，新闻记者、观光者、旁观者及纪念品搜寻者禁入； 保护现场数据、物件、隔离危险品； 保护人员不受二次伤害
会展场地方	建立能对现场运作、安全运作、医疗运作、人员疏散和场地修复运作有决策权的移动现场指挥所； 检查行动清单确保救援工作进展； 协助公安部门、消防部门熟悉情况； 提供饮食、设备等各项服务； 向公共信息机构提供最初的概况，并与当事活动公司公共信息官员进行协调； 发布信息及声明； 经总指挥、现场指挥官、消防指挥官、公安指挥官、医疗指挥官等人员的一致同意，会展场地方现场指挥员将应急工作的结果通知所有参加互助救援的组织
医疗服务	组织伤员鉴别分类及对伤亡人员的处理，并将他们运离现场； 与交通运输官员协调，用可以得到的运输方式将伤亡者派送到医院； 准确记录伤亡人员名单，包括姓名和最终送往地点； 与会展主办方协调将未受伤人员转移到指定的停留区域，对非卧床及未受伤的人员进行医疗估计； 协同公安人员组织停放死亡者设施
社区医院	派出外伤医疗队抵达现场； 对伤亡人员进行医疗救护； 确保足够的医生、护士、手术室、特护部门、外科队伍、血液及输血设备
主办方代表	提供参与人员、工作人员、危险品情况，协同医疗人员安排未受伤者到指定地点； 指派接待员做好登记及福利、服务等工作； 安排未受伤人员所需的医疗服务(若需要)、食品供应、衣物、电话等； 专家为有关人员提供安抚和帮助； 向健康及福利机构、海关、移民局、邮局及环保等机构发布事故通知； 高级官员负责与家属及亲友的沟通； 拟定官方新闻发布会； 得到事故调查机构的批准后负责处理现场
政府上级部门	相关协调部门； 政府事故调查人员； 健康及福利； 邮政局； 海关； 移民局； 交通管理机构； 军队(如果需要)； 环保部门
信息发布机构	新闻记者在指定的集结处，只允许持有效证件的新闻记者、非武装的报道员及摄影师进入指定的新闻记者停留区，或被运送到事故现场； 信息发布人员由会展主办方和场地提供方指定； 全部救援工作完成之前，禁止记者或其他人员进入安全线以内

【案例 8-3】　车展的"非典"疫情处理

　　上海国际展览公司在"非典"疫情压力之下开始了一场没有硝烟的战争。根据市政府防治"非典"的有关精神，主办单位专门成立了防范工作领导小组，上海市政府和外经贸委决定将车展期由 8 天缩短至 5 天。因此，上海国际展览公司在耐心细致地做好参展商和观众工作后，面对众多媒体进行了广泛沟通及咨询发放。最终，使得车展获得了意想不到的成功，同时为上海国际展览公司赢得了声誉。上海国际展览公司之所以能打赢这场战役，是和在"非典"危机处理 5 个阶段强烈的风险意识和详细的工作部署分不开的。他们把即时反应及善后策略有效地融入以下 5 个阶段中。

　　① 危机界定阶段　这是危机处理的前提，危机的界定必须清楚明确。车展开幕前 3 个月，上海国际展览公司就开始启动了全面准备和临战的准备工作。当时有两大因素可能会影响展览会：一是伊拉克战争，二是"非典"。上海国际展览公司随时关注国际国内形势的变化，及时掌握信息。到 3 月底，排除了伊拉克战争的影响，但"非典"却越来越突出，明显地表现了其无法预料、无法控制的特征。

　　② 风险评估阶段　危机到底会造成什么后果和影响，必须分析到位，估计准确。这是危机处理的基础。车展是一个带有明显公众参与和接触的活动，是"非典"最容易扩散的渠道。如果控制不住的话，对车展将带来极为严重的后果。作为主办单位，将无法面对参展商、观众及几千名为车展服务的工作人员。就是因为上海国际展览公司全体上下都有这种清醒而充分的认识，因此在以后的行动中都能齐心协力、步调一致。

　　③ 方案部署阶段　这是危机处理的关键，方案部署必须全面及时。当危机发生时，每一家公司都必须有一套完善的应变计划。公司内涉及的部门均需要参与应变。它包括正常展出方案和紧急情况提前闭幕的方案。

　　④ 执行方案阶段　这是危机处理的根本，执行方案必须严格细致，有条不紊。

　　⑤ 善后处理阶段　这是危机处理的保证，善后处理必须有理、有利、争取共赢。善后处理主要针对部分提出赔偿要求的展商。对他们要认真做好解释工作，晓之以理、申明大义。

本章小结

　　会展事故处理是一种应急性的公共关系。越是危机时刻越能昭示出一个优秀会展企业的整体素质和综合实力，会展事故处理得好，往往可以使危机变为商机，公众将会对企业有更深的了解、更大的认同，优秀的企业也因此脱颖而出。会展应急预案是建立在对会展风险源辨识基础上事先制订的用于应对危险发生时的行动计划，是对会展风险预控体系及其运作机制的描述文件。在策划、招商、布展、办展、撤展等过程中每个环节的安全措施是否得力，都会影响到下一环节的安全控制。

　　从管理学的角度来说，紧急救援实际上是一个应急管理的完整过程。会展事故紧急救援工作不可能仅靠场地提供方单独实行，需要各有关部门的协调和密切配合。当紧急情况发生时成立应急救援指挥中心，该中心的主体是现场应急救援领导小组，还包括上级主管单位及总指挥。一切指令通过指挥中心各主体进行横向协调后发出，指导会展现场内救援组织和社会救援组织的工作。在会展紧急救援体系中，会展活动场地提供方应急救援领导小组是现场应急救援工作的最高决策机构，负责对会展现场紧急救援工作的总体指导和紧急情况发生时的统一协调指挥。会展现场应急救援指挥中心是会展现场应急救援领导小组的日常办事机构，负责组织和协调会展现场应急救援工作并报告工作开展情况。上级主管单位主要负责对会展现场应急救援工作的检查和指导，审核会展现场应急救援预案制定的完整性和有效性，监督会展现场应急救援工作的开展情况。总指挥由会展现场管理机构最高领导或其授权的人担任，全面负责会展现场应急救援的指挥工作。紧急情况发生时，总指挥到场前，会展现场指挥官是紧急救援的最高指挥官；会展场地提供方、消防部门、公安/保安部门、医疗机构等在指挥中心的指令下按救援计划各司其职，是救援的主要力量。此外，还有一些辅助部门：当地政府如司法部门、海关及邮政对一些恐怖活动，如非法劫持、炸弹威胁及爆炸事故等调查的事宜负责。

复习与思考

1. 会展应急预案的定义是什么？
2. 如何对应急管理体系进行整体优化？
3. 论述应急预案在会展中的应用。
4. 简述紧急救援的原则。
5. 紧急救援的大致程序如何？
6. 结合一个会展案例，分析其紧急救援计划表。

案例分析：上海车展应急方案

(1) 应急保障部
——应急安保小组、现场医疗小组、消防小组、高层处理组
(2) 展会筹备前期的突发风险状况
① 参展商突然撤展：联系参展商，尽量说服参展商不要退出；若无法协商，通过合同要求参展商付 60% 的退展费。
a. 将该区域的展位重新设计，再搭建展位前敲定；
b. 尽快招有意向参加的参展商。
② 展位没有搭好：查看推迟原因。
若是施工方的原因，要求施工方加班；
若是承办方主观因素，如展位装修材料没齐而影响进度，就要付施工方加班费。
③ 运输的展品没有到：联系物流公司，查运输单、存库单。
若是遗留在仓库内，尽快从仓库调运出来；
若是没有入库，查货物入库前的动向，寻找责任方；
若展品无法及时到达，要求参展商准备新展品。
④ 展具不全：在尽量不超过预算的情况下先看看有没有可以代替的剩余展具。
若没有代替的，在预算范围内尽快购买缺少的展具；
展具、展品被破坏：看破坏程度，按折旧费计入成本；

若破坏程度不明显，且没有安全隐患的，继续使用；

若破坏严重的，按赔偿标准进行赔偿；

若展品破坏，及时通知展览小组，调用可替换的展品，要求保险赔偿。

⑤ 展台搭建施工过程中人员受伤：查看伤势大小尽快治疗，寻找责任方。

（3）展中存在风险处置

火灾事故应急预案　风险指数：★★

① 报警程序。

a. 根据火势灵活处理，如火势大，需要报警则立即就近用电话报告消防中心（电话119），如火势较小根据现场情况利用现有的消防器材及时扑灭。

b. 迅速向展会应急保障部报告。

② 组织实施。

③ 注意事项。

a. 火灾事故首要的是保护人员安全，扑救要在确保人员不受伤害的前提下进行。

b. 火灾第一发现人应将火灾发生的准确位置和火灾情况告知监控室，如是电源引起，应立即切断电源，拨打展会应急保障部电话。

c. 发现火灾后应掌握的原则是边救火，边向上级报告。

d. 人员在逃生时应组织有秩序地撤离。

e. 展会应急保障部应维持现场秩序，防止有人乘机捣乱使展品受到损失。

f. 各部门的所有人员都必须支持、配合事故救援，并提供一切便利条件。

疾病事故应急预案　风险指数：★★★★

看当时的现场情况灵活处理，及时与展会应急保障部现场医务小组取得联系，听从医务人员的安排。如病情严重须立即送往医院。

① 以最快的速度将人员送往医院，情况紧急时经请示拨打急救中心电话120请求救助。

② 立即组织工作人员组成陪护人员队伍，进行陪护，稳定患者的情绪。

③ 应急小组组长就事态发展情况迅速同当事者家属取得联系。

④ 要采取迅速果断的措施，把影响降到最小。

⑤ 组织安保、展览部等各方面的工作人员在最短时间内恢复展览的正常秩序。

争议升级暴力事件应急预案　风险指数：★★★

① 执勤人员、工作人员经劝解无效可采取强制手段，将争执双方带离现场移交展会现场公安执勤点处理。

② 迅速报告应急小组，保护在场的人员及展品安全。

③ 在事情得到解决之前要将当事者双方稳住在现场，防其事后逃跑，并保护好现场。

④ 伤者及时送往医院或医务室。

⑤ 组织安保、公安等各方面的工作人员在最短时间内恢复展览的正常秩序。

发生偷盗（展品、人员）等事件时　风险指数：★★

① 第一个接到报警的工作人员及时与安保人员取得联系，由安保人员带领受害者到展会现场公安执勤点报警备案。

② 调出闭路电视的图像资料，积极配合警方的案件侦破工作。

③ 财产损失严重时，配合警方对出馆人员一一进行核查。争取在最短时间内弥补损失。

展位安全事件预案　风险指数：★

① 参展时若发生展台坍塌事件，第一时间与责任方取得联系，疏散人员。若有人员受伤，立刻送医院；

② 及时清理展位，找到责任方，处理赔偿事项。

人流量事件预案　风险指数：★★★★

① 分普通观众日和特殊观众日，错开普通人流高峰。

② 若部分展位人流量过大，可以由礼仪公关人员进行引导，平衡展位。

③ 若整体人流量过大，进行有效监控，避免发生纠纷。

④ 若人流量过少，及时去场外发传单，吸引更多路人过来。

供电保障预案　风险指数：★

① 包括展会期间的日常供电保障和临时供电保障，由供电公司负责组织实施，其他部门协助开展工作。

② 发生个别停电现象，查看线路，及时恢复供电。

③ 发生全部停电，检查原因，以最快的速度恢复供电。

设备维护预案　风险指数：★★

① 用计算机展示的参展商遇到电脑病毒而影响展览的，立刻找电脑维护人员进行维修。

② 相关展览设备，如投影仪等出现故障，及时进行维修。

经费保障预案　风险指数：★★★

由展会主办方设立展会应急预备款，保障展会突发公共事件应急处置所需经费。

讨论题

1. 从应急预案的编制分析该预案。

2. 试评估该应急预案。

3. 如何优化该应急预案？

9 会展风险信息管理

【学习目标】

学完本章，你应该能够：

1. 了解会展信息与会展信息管理；

2. 掌握会展管理信息系统；

3. 熟悉会展风险信息管理。

【基本概念】

会展信息管理　会展管理信息系统　会展信息管理风险

9.1 会展信息与会展信息管理

9.1.1 会展信息

会展是信息密集型的活动，具有前期准备时间长、实施时间短的特点，在整个会展期间，尤其是在临近开始的短暂时间内，将会涌现出大量的、高密度的信息，这些信息必须及时准确地处理。

会展行业是一个交叉性很强的行业，对于会展行业信息的定位也不能局限于行业本身，它是一个信息极其密集的行业，对于信息的采集、加工、传输、存储、更新和维护亦是一个复杂的过程。这里给出几种会展信息的表述。

展览行业信息，包括国内外展览场馆的信息、专业展览会信息、参展商和厂商信息、展览观众信息以及展览服务商信息。

企业各业务部门、管理部门的业务信息和管理信息　包括主办商对场馆租赁的需求、参展商的参展需求和服务需求、观众网上报名等数据。

综合评估数据，包括展会评估报告、分析报告、组展商、观众、参展商、服务商满意度等调查报告。

企业内部公文数据和办公数据。

其中，上述信息又可以细分为多种信息，例如，展览观众信息可分为基本信息、需求信息和行为信息三大类。

（1）观众基本信息

即以观众的名片信息为主的信息，主要是观众的姓名、单位、部门、职务信息和通过邮寄、电话、传真、E-mail、手机五种方式能联系该观众的必要数据。包含如下几个方面。

① 观众部门、职务的规范信息　把展览会上收集到的形形色色的观众部门和职务信息经过规范化处理，生成规范的观众部门和职务信息，以便使用者按照部门类别、职位类别查询展会观众信息，更有针对性地利用观众信息：如需要发技术性的资料给观众，可以只选择

"技术"类别的观众发信或发 E-mail，或者只选择"采购"类别的观众，寄发新品信息；或者寄发信息给观众中有决策能力的"高级管理人员"。

② 观众城市、省份、国家、区域信息　根据观众的基本信息生成观众的城市信息（对国外观众则是国家信息），可以按照城市、省份、区域查询对应区域的观众，便于得到某特定区域的观众信息。

③ 观众重要性级别　有些展会还会制定一定的规则，通过关键字查询或逐个观众过滤的方式定义出每个观众的重要级别，以便在使用数据时只针对某个级别的观众。

（2）观众需求信息

观众在入口填写的调查表答案反映了观众的需求信息。观众的需求信息能清楚定义每个观众的参观目的和个人需求，能从此角度去查找有价值的观众，如我们希望得到"下次意向参展"的观众名单，就可以在调查表查询中选择"查找"获得。

（3）观众现场行为信息

观众在展览会上进出各场馆、参加研讨会、访问各展台留下的数据是观众的行为信息。通过这些数据，能得到有用的结果，如希望知道展会第一天上午来的人有哪些、参加了某个会议的观众有哪些、哪些观众在不同的时间单位内多次来参观、参观了哪个分场馆或展台的观众是谁、展览会每天的高峰期情况、展览会的观众滞留率等。

在现今这个信息化的世界中，"信息就是金钱"，"信息就是企业的生命"，管理信息在现代企业的经营中已经上升到了一个全新的高度。在会展这个全新的行业中，可以说，一切管理行为都是通过信息的传递和反馈来实现的，管理者通过信息的利用完成对企业经营活动的计划、组织、协调、控制和监督等管理职能。总的来说，会展行业中信息的主要功能表现在以下几个方面。

（1）信息是宝贵的资源

信息技术的广泛应用使得会展经济中资金、商品和信息流动更加顺畅合理，降低了会展各方的运营成本。会展业的发展也推动了信息技术和信息资源的开发应用。

（2）信息是组织和控制经营活动的基础

为了加快会展经济的发展，必须推动相关产业发展。会展经济崛起充分表明了会展经济与经济发展水平的正相关关系，经济的快速增长、经济总量的扩大必然会对会展产生强大的需求，促进会展经济的快速发展。要建立会展保障体系，必须加快展览装修、广告、餐饮、交通运输、旅游购物等相关产业的发展，为会展业的蓬勃发展提供全方位的保障。信息在相关产业之间进行安全、准确、高效的传输、应用和管理，可以保证信息在产业之间的共享，为企业组织和控制经营活动提供了基础。

（3）信息是企业竞争能力的标志

目前，我国会展业市场已经进入了新的竞争阶段，表现为国内城市之间的竞争，展览与展览之间的竞争，以及国内与国外展览公司、展览组织者之间的竞争。会展经济本身对于信息化有着较高的要求，尤其在信息基础设施和信息资源开放利用方面。它要建立各参展企业的数据库，并实现共享，在会展设施方面要求具有联系全球的通信设施，会展行业信息化的进一步发展和规范，将使信息的管理成为衡量企业竞争能力的重要标准之一。同时，会展经济的发展也为信息产业（尤其是信息服务业）的发展提供了更为广阔的市场。

以前面提到的展览活动中展览观众的信息为例，这样的信息的作用主要表现在如下几个方面。

（1）增加现有参展商的满意度

通过买家信息库的积累，邀请更多的专业观众参展。作为一个参展商，当然希望能够在展览会上见到更多的专业买家，那么，如何邀请更多的专业观众，便成为展会组织者最应关心的问题之一。通过周期展对专业买家信息的积累，是解决这个问题的有效方法之一。

（2）挖掘潜在参展商

除了一般行业的观众外，我们发现：在展览会期间，部分专业公司用于参观的费用已经远远超出展览会的展位价格。此类公司即为展览组织者应关注的潜在参展商。调查中往往能够揭示这样的用户。在某次系统安全展览会中，调查问题标出"参观目的"，部分观众选择"评估此展览会以作明年参展计划"选项，该数据也可作为下届招展对象的重要依据。

（3）甄别展会的专业观众，提供更为深入的服务

对展会的观众信息进行分析，将其中的部分高级职位和直接用户定义为专业观众，提供更加深入的服务，使之最终成为展会的核心价值，并通过他们的带动作用，吸引更多的专业观众参加展览会，从而实现展览会的发展和壮大。

（4）为下届招展做准备

通过对展览会观众信息和调查问卷的统计分析，能为下届展览会的组织提供有益依据。

（5）建立行业信息库，提供行业信息服务

建立行业日趋权威的买家（观众）信息库，直接掌握行业最新、最活跃的客户资源，减少展会对参展商邀请客户的依赖。

（6）实现和参展商的有效互动

展览会一个主要目的就是实现参展商和观众之间的沟通和互动，通过日益健全的观众信息库，能以多种形式实现此目的。

【案例 9-1】 会展活动的高风险

会展活动能否成功地举办，受很多因素影响：政治的、军事的、文化的、法律的、自然灾害的甚至一些突发事件的影响。当今世界每一届奥运会、世博会的申办，都有很多国家同时竞争，每个国家都投入大量的人力、物力、财力，成功者只有一个，对于申办失败的国家而言，其大量的投入便成为申办失败的风险损失。一般来说，在某个地区举办展览首先需要具备稳定的政治局势。2008 年奥运会和 2010 年的世博会之所以选址中国，是同我们拥有稳定的政治环境分不开的。2003 年突如其来的"非典"，使得中国会展业受到重创，很多展会被迫取消，一些小型会展公司宣告破产。

伊拉克战争带来两个结果——石油价格浮动和安全环境恶化。前者必然使会展活动的重要环节——航空运输成本大增，而安全环境的恶化使得展商和客商谨慎出行，这两个结果直接影响到世界会展业。战争对中东地区会展业的打击是毁灭性的。当前的中东地区，且不说作为特殊贸易活动的展览会，就是正常的贸易活动都受到影响。对于中东企业来说，出去参展的积极性也因战争而大大挫伤。美国客商考虑出行安全问题，出境参展也会减少。"9·11"事件对美国会展业的影响到现在还未消除，许多商业性展览会效果大减，伊拉克战争无疑又使尚未复苏的美国会展业雪上加霜。这会使美国会展业在很长一段时间里萎缩下来。

9.1.2 会展信息管理

当前，会展信息管理还停留在一个较低的层次上。例如，可以表现在：

① 在一次会展活动中展会主办方和参展商各自独立地收集观众名片信息，数据没有实现共享和交换；

② 缺乏对信息的深入利用：不同会展活动之间数据独立，数据缺乏归类和统一处理。因此，如何有效地对行业信息进行有效的管理就显得尤为重要。如何通过有效的方法和途径，把信息的"孤岛"变成信息的"海洋"呢？

（1）会展信息管理的主要内容

管理的任务在于通过有效地管理好人、财、物等资源来实现组织的目标，而要管理这些资源，需要通过反映这些资源的信息来管理。信息是会展管理活动中一项极为重要的资源，管理工作的成败，取决于能否作出有效的决策，而决策的正确程度则取决于信息的质和量。

所谓会展信息管理，是指为了满足会展管理需要而进行的会展信息产生、识别、筛选、收集、加工、传递、存储、检索、输出等各项工作的总称。会展信息管理工作主要包括会展原始数据收集、信息加工、信息传递、信息存储、信息检索和信息输出等内容。

（2）实现信息管理的有效途径

① 信息管理的标准化　会展信息管理的标准化是指提高信息管理水平，建立计算机管理信息系统的前提条件，主要包括会展原始数据收集制度化、信息载体规范化、信息加工程序化和信息传递工艺化等方面。

② 信息管理的高效化　会展信息管理的高效化是指信息管理的各个环节做到及时、准确、适用和经济四个方面。高效率的信息管理既是会展信息管理工作的目标，也是贯穿于会展信息管理全过程的工作标准。

③ 信息管理的现代化　现代化地进行会展信息管理，需要做到人才建设、机构建设、技术全面、硬件过硬，同时，要树立现代化的管理理念。

（3）实现会展信息有效管理的具体方法

实现会展信息有效管理的具体方法有很多，主要有：

① 在会展活动中，会展主办单位采集的观众信息可以为参展商所利用，而参展商在展台收集到的观众行为信息也为会展主办公司共享；

② 在大型数据库支持下，同一会展主办公司的各届会展之间的数据完全可以得到及时地归并和统一处理，实现信息共享，更好地确定观众的行为习惯和价值评判，同时，也减少重复采集的投入；

③ 通过决策支持系统，实现数据挖掘，实现对数据的深入利用；

④ 会展服务商通过共享信息可以为会展客户提供服务，例如商务旅行、专门接待等更加深入的服务。

【案例 9-2】　科博会首次尝试引入风险管理机制

科博会首次进行风险管理尝试，内容包括展览前的风险评估、展会过程风险预测及处理两大部分，其中包括投保 2000 万元的公众责任险。第九届科博会组委会常务副秘书长、北京贸促会会长周茂非说，"过去我们对于安全防范工作也很重视，但由于各部门之间是独立运作，对于风险的防范并没有形成管理体系，所以很难做到'安心'和'放心'。"经过反复权衡，组委会决定借鉴国外大型展会的管理模式，将展会的风险管理委托给中盛国际保险经纪有限责任公司，对可能出现的突发事故进行积极预防。中盛国际派出 4 名有丰富经验的专业人员，对北京科博会的合作单位进行系统问卷调查，吸取了 35 起大型展会及活动事故的教训，引入国际风险管理方面先进的评价标准，编制出风险评估报告，指出了北京科博会安全、计划、组织、运营等方面存在的风险，并提出针对性很强的防范措施。现在专业的项目交给专业人员来做，工作的系统和细致程度明显提高了许多。

业内人士指出，我国国内风险管理，特别是公共服务、安全生产、环境保护等领域的风险管理非常滞后。决策者对诸多风险的处理还是凭传统经验，靠行政命令，缺乏应有的市场化、专业化运作。如何防范、控制和转移可能降临的风险，降低由于灾害和灾难事故造成的人身及财产损失，政府部门尚需创新思路。

9.2 会展管理信息系统

9.2.1 会展管理信息系统的含义和作用

会展企业要在高度竞争的信息时代求得生存和发展，首先应加快企业的信息化进程，建立全面、可靠的会展管理信息系统。

会展管理信息系统是一个以人为主导，利用计算机硬件、软件、网络通信设备以及其他办公设备，进行信息的收集、加工、传输、存储、更新和维护，以提高经济效益和效率为目的，支持企业的高层决策、中层控制、基层运作的集成化的人机系统。同其他的管理信息系统一样，会展管理信息系统是管理信息系统的一个分支，具有一个信息系统的数据处理能力。

会展信息管理系统全面涉及和管理会展服务企业的日常业务，可以有效地实现会展集团多办事处共同应用，多展会同时管理，分类管理参展商及观众等方面的数据，全面管理客户关系，使得大量的重复工作可以实现自动处理，防止客户数据因业务人员流动而流失，可以直观地对展会过程进行有效管理，应用精确的统计数据辅助公司作出决策。会展管理信息系统的作用主要体现在以下方面。

（1）实现体制创新

会展管理信息系统作为一种先进的管理思想和手段，它所改变的不仅仅是某个人的个人行为或表层上的一个组织动作，而是从思想上去剔除管理者的旧观念，注入新观念。它能够帮助企业建立一种新的管理体制，能实现企业内部的相互监督和相互促进，并保证每个员工都自觉发挥最大的潜能去工作，使每个员工的报酬与他的劳动成果紧密相连，能迅速提高工作效率，节约劳动成本。

（2）智能辅助决策

会展管理信息系统能有效地实现会展集团多办事处/子公司共同应用，多展会同时管理。作为管理者，可以深入了解客户、市场和自己的业务绩效，能够实时了解公司各个子公司、各个部门、多个展会的业务运营状况；随时了解公司的财务状况，有效控制招展进度等，洞悉经营，随需应变，从容面对每个重要决策。会展管理信息系统可以帮助管理者将数据转化为知识、将知识转化为行动并使行动获得成功。

（3）业务流程自动化

会展管理信息系统改变传统企业需要应用行政等手段干预来规定业务流程，使用技术来简化和自动化现有的人工流程，要求一切事务流程都经由系统来操作，根据系统预设的流程工作，如此整个过程都可以进行规范有效的管理，实施过程监控，消除了中间冗余的环节，减少了浪费，避免了延误。

（4）整合企业内外资源

会展管理信息系统通过计算机网络将企业、客户、供应商及其他商贸伙伴集成起来，实现会展电子商务化，将原来分散的资源集中分析处理，全面整合企业内外资源，完成信息流、业务流和资金流的有效转移与优化。充分利用互联网（Internet）技术及信息集成技术，将服务供应链管理、客户关系管理、企业办公自动化等功能全面集成优化，以支持产品协同商务等企业经营管理模式。

（5）降低信息安全风险

一切经营活动都在会展管理信息系统上运行，此过程中形成的客户资源、文档、统计数据、业务经验等信息资源得以集中管理，加上完善的授权机制，可以降低信息安全风险。如果没有一个高度集成的信息管理系统，企业会因为人员的流动等原因，导致信息资源流失而形成安全隐患。

（6）会展过程的策划

会展管理信息系统是一个面向管理的信息系统，除了基本的数据处理功能以外，更重要的是对会展的几个过程，如前期的策划、会前的准备、会中进程和会后等过程中阶段性工作，利用策划模板给出各个阶段性信息，并允许会展的策划人员和组织人员对这些信息进行更新、添加和删除，成为半自动的工作模式，这种功能是会展管理人员和组织人员重要的工具。

（7）电子商务化

会展管理信息系统有很多功能可以通过互联网实现，如客户的网络注册、登记，通过网络进行预订、招商引资、客户关系管理等。现在很多管理信息系统都移植到互联网上，通过Web形式构建会展管理信息系统，这种转变实际上就是电子商务化的标志。

会展企业在组织会展的过程中，需要与很多企业建立合作伙伴关系，为了充分共享资源，可以通过电子商务的外部网（Extranet）网络技术，将这些企业紧密地联系在一起，更好地利用和共享各个企业的资源和信息，为会展活动提供更加准确、及时、便捷的服务。

9.2.2　会展管理信息系统的基本功能和结构

在会展期间各个阶段出现的大量信息，直接关系到会展工作的顺利进行，会展管理信息系统正是在对各个阶段大量信息处理的功能需求基础上而形成的。会展管理信息系统的基本功能包括如下几个方面。

① 数据处理功能　将各种来源的会展信息进行合理的分类、整理和保存，以供查询。

② 预测功能　通过对数据的分析和判断，运用各种预测方法，对会展企业的决策和经营进行预测。

③ 计划功能　系统合理地计划和安排会展企业各部门以及整个企业的生产经营计划，以供及时决策和产生对策。

④ 控制功能　可以对每个工作岗位和整体计划的执行情况进行监测、检查，通过比较和分析，提供合理的修正方案，达到企业预期的目的。

会展管理信息系统的结构是指系统各个部分之间的相互关系的总和。从不同的侧面观察和理解，针对不同的应用，会展管理信息系统具备多种结构形式，主要包括物理结构、软件结构和功能结构。

（1）会展管理信息系统的物理结构

会展管理信息系统的物理结构是指系统核心部分的物理组成，主要包括硬件、软件、数据库、规程和人员五个部分，其物理结构主要考察的是硬件部分的拓扑结构。因此，硬件部分的不同组合决定了会展管理信息系统不同的物理结构，主要有单机结构、集成结构和网络结构三种。

① 单机结构　会展管理信息系统的单机结构是最简单的一种结构，它由一台计算机和相应的外部设备组成，所有数据集中在该计算机上输入、存储和输出，同一时刻只能供一个用户使用。它的优点是数据共享度高、一致性好、操作简单、开发周期短；缺点是速度慢、存储容量小、处理能力低，适合小型的会展企业使用。

② 集成结构　会展管理信息系统的硬件集成结构是由一台计算机主机和多个终端设备通过通信线路连接而成的，各个终端可以同时输入数据，分别传输到主机，由主机集中处理，结果再从主机同时返回各个终端。这种结构的优点是处理能力强、数据共享程度高、一致性好、操作简单、系统工作效率高，缺点是无法满足多个用户同一时刻对信息的处理要求，适合信息输入量大，用户使用时间冲突较少的中小型会展企业。

③ 网络结构　这是目前会展管理信息系统使用最为广泛、最为复杂的一种物理结构，它由多台计算机通过通信线路连接在一起所组成一个功能强大的计算机网络系统，其中，各个计算机又可接多个终端设备。分布在不同地理位置的每一台计算机既可独立使用，自成系统，又可以通过网络共享其他计算机上的硬件、软件和数据资源。这种结构的最大优点是实现了多用户资源共享和分布式处理，提高了数据处理的可靠性和灵活性；缺点是结构复杂，建立的费用高，适合大型会展场馆和会展企业使用。

（2）会展管理信息系统的软件结构

从软件构成的角度来看会展管理信息系统的组成结构，一个完整的会展管理信息系统主要由技术管理、场馆经营管理、客户关系管理、财务支持、展览服务管理、展会运营管理、物流管理、信息处理、高层管理等子系统构成。其中，每个子系统会涉及相应的业务处理、运行管理、管理控制、战略计划四个层次的信息管理活动，每个子系统同时带有自己的专用数据文件和应用程序。对于整个系统而言，多个子系统还可同时共享公用的数据文件、模型数据库和应用程序。

在实际的工作中，一个会展管理信息系统的开发可能只涉及其中的某几个子系统，某个子系统的开发也可能只涉及某些层次的信息管理活动，这可以根据实际的应用而决定。

（3）会展管理信息系统的功能结构

任何一种管理信息系统，从信息管理的角度考虑，都应当有信息的输入、处理和输出的功能，而针对不同信息管理的功能设计，又必须包括对信息的存储、传输、增加、删除、修改、统计和检索的功能。

从管理职能的角度来看，管理信息系统主要涉及对企业的人、财、物、信息资源的管理和对生产、供应和销售过程的管理。

【案例9-3】　会展管理信息系统案例

一个会展管理信息系统针对它所服务的展馆、展会、参展商和用户，有不同的功能结构。上述两幅图分别列举了某展览场馆服务管理信息系统的功能结构和某展会服务管理信息系统的功能结构。该业务管理信息系统划分为场馆经营、展会运营、展会服务三个核心，信息平台的建设，成为三个核心的连接纽带，将各项业务有机结合成为一个整体，并实现和办

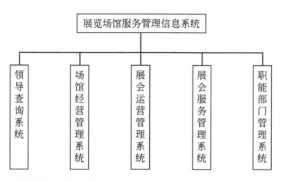

某展览场馆服务管理信息系统的功能结构示意图

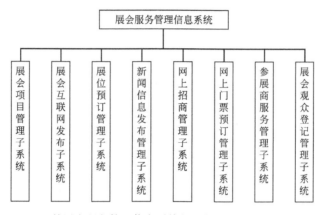

某展会服务管理信息系统的功能结构示意图

公 OA 管理的无缝连接。各子系统完成各自的功能，但整个信息必须做到信息资源的共享。例如，其中展会项目管理子系统和展会观众登记管理子系统的功能可描述为如下两个方面。

（1）展会项目管理子系统

服务展会主办单位统筹资源，做好展会立项申办、组织服务、展会招商的规范化信息管理，汇总各类有效信息资源统筹分析判断，建立时间进度管理功能和人员跟踪管理记录，把握运作进展，建立预期效果和预计成本评估，随时考核管理。

（2）展会观众登记管理子系统

现场观众登记、发放参展商胸卡、通过条码识别进行身份认证、通过照片进行个人识别、汇总网上预订观众进行统计分析，观众结构、数量流量分析即时传输网站，观众信息数据库即时交付组委会。

资料来源：贺刚、金蓓. 会展管理信息系统. 中国商务出版社，2004.

9.2.3 会展管理信息系统的工作模式

会展管理信息系统根据用户的使用方式，可分为两种工作模式。

（1）客户机/服务器工作模式

客户机（Client）/服务器（Server），即 C/S 结构，能提供更高的性能，客户端和服务器端将应用的处理要求分开，通过协作共同实现其处理要求。对客户端程序的请求实现分布式应用处理，服务器为多个客户端应用程序管理数据，而客户端程序发送、请求和分析从服务器接收的数据，完成自己的任务。

客户端使用功能完善的个人计算机，服务器端可以由高性能的微机或小型机来承担。客户机/服务器结构应用一般局限于局域网。

C/S 工作模式大大地减轻了网络的负担，客户机通过对数据库管理系统发送请求命令，由数据库管理系统执行客户的命令，最后将操作的结果或需要的数据传输给客户端，在网络中传输的仅是少量的请求命令和返回的结果。

会展管理信息系统的内部管理的工作主要是采用传统的 C/S 模式，它具有数据处理效率高、安全可靠的特点。

(2) 浏览器/服务器工作模式

浏览器（Browser）/服务器（Server），即 B/S 结构，是随着互联网技术的兴起，对客户机/服务器结构的一种完善和改进，是一种由传统的二层客户机/服务器结构发展而来的三层客户机/服务器结构在 Web 上应用的特例。服务器端既是浏览服务器，又是应用服务器，可以运行大量的应用程序，从而使客户端变得很简单。客户端只需承担浏览器的功能，利用浏览器通过 Web 服务器端访问数据库服务器端，从而获取必需的信息。

B/S 结构从工作原理上与 C/S 是相同的，在 C/S 中通过专门设计的程序访问服务器，在每台计算机上需要安装相关的数据库引擎或执行程序库，计算机的维护工作量很大。而在 B/S 结构中，由于浏览器属于操作系统的一部分，不需要安装额外数据库引擎和运行库软件，因而减少计算机的维护的工作量。

B/S 结构的另一个好处是，可以设计成一个开放式的应用程序，在互联网上就可以实现对信息的处理，极大地方便用户，这种模式往往用于客户信息查询、用户注册、客户关系管理、公开招标等方面。在会展管理信息系统中也采用这种结构设计面向客户的管理信息系统的部分模块，建立会展的 Web 网站并发布会展有关的信息，扩大信息的宣传渠道，使得客户和参展商了解会展的活动，通过网络开展注册客户信息、参展商在线预订展位，并为客户和参展商提供会展的有关讲演信息、展出信息的服务等。

9.2.4 会展管理信息系统的运行管理

会展管理信息系统投入运行后，对系统的运行管理是十分重要的。为了让会展管理信息系统在一个预期的时间内，能正常地发挥其应有的作用，产生其应有的效益，除了加强对系统运行的日常管理之外，还需要有一套运行管理制度来保证。

会展管理信息系统运行的日常管理不仅仅是机房环境和设施的管理，更主要的是对系统每天运行状况、数据输入和输出情况以及系统的安全性与完备性及时地、如实地记录和处置。这些工作主要由系统管理员完成。

(1) 系统运行的日常维护

日常维护主要是指为了保证系统日常运行处于良好状态，必须时刻监视系统软硬件的工作情况，及时发现系统不正常运行的情况，采取必要的措施。

系统中的数据资源是企业和系统的核心，需要做好数据的日常管理工作，包括数据收集、数据录入、数据整理、数据备份以及存档等。对数据的收集进行正确性校验是关键，只有把正确的数据输入系统，才能保证系统有效安全地运行。数据的整理是关于数据文件或数据表的索引、记录顺序的调整等，数据整理可使数据的查询与引用更为快捷与方便，对数据的完整性与正确性也有好处。数据备份是系统安全的重要措施，它能保障系统发生故障后能恢复到最近的时间节点上，这也是运行管理中的基本工作。在企业中，数据库应每天做一次备份，对周期使用备份的磁带，为了避免每天做完全备份花费很多时间，可以固定某一天做完全备份，其余几天仅做增量备份。数据存档是当数据积累到一定数量或经过一定时间间隔后转入档案数据库的处理，作为档案存储的数据成为历史数据。

此外，还要进行简单的硬件管理和设施管理，平日要定期对计算机设备进行检修和维护，做好有关备品配件的准备及补充计算机的日常消耗品。

（2）系统运行情况的记录

整个系统运行情况的记录能够反映出系统在大多数情况下的状态和工作效率，对于系统的评价与改进具有重要的参考价值。因此，对会展管理信息系统的运行情况一定要及时、准确、完整地记录下来。

在系统运行过程中，需要记录的内容主要有：

① 工作数量的记录，包括提供服务的时间，提供各种信息的数量，满足用户查询要求的数量等；

② 工作质量的记录，包括处理有关作业所需时间，提供信息服务的质量，维持系统运行所花的人力、物力情况等；

③ 系统性能的记录，包括系统运行的可靠性、安全性、可维护性情况；

④ 系统故障记录，如故障情况发生的时间、现象、原因、处理方法与处理结果，无故障时间，系统被非法输入或错误数据输入或受病毒侵害的情况与次数等。

在系统的日常运行中，无论是正常状态或发生故障时，都应做好运行管理的有关记录。正常情况下的运行数据往往比较容易被忽视，要全面掌握系统的情况，同样应重视正常运行时的情况记录。

记录系统运行情况是一件细致而又烦琐的工作，从系统开始投入运行就要抓好。尽管一般系统都有自动记载自身运行情况的功能，但仍需要手工记录作为补充手段，而且记录应规范化，由当事人按要求填写。

系统投入正式运行后，为了保证系统正常运行，使其产生最大的管理效益，应制定严格的系统管理与操作制度。这些管理制度主要有以下几方面：

（1）机房管理制度

机房对于管理信息系统的运行管理起到物理意义上的管理作用，机房管理制度应包括以下内容：

① 信息系统维护人员、操作人员及值班人员的义务、权限、任务和责任　包括验证身份，出入人员登记和物品检查；专人负责启动和关闭计算机系统等；

② 信息系统日常运作记录　包括值班日记、系统故障及排除故障日记，包括对系统运行状况进行监视、跟踪并详细记录运行的信息和结果；做好系统运行过程中的书面记录等；

③ 机房设备安全管理和维护制度　包括对系统进行定期保养和维护；机房工作人员在指定的计算机上进行操作、对操作内容进行登记等；

④ 应付紧急情况的方案。

（2）技术档案管理制度

① 硬件、软件手册和使用说明的保管制度；

② 开发文档的保管制度；

③ 系统维护和二次开发的技术文档资料的规范和管理制度；

④ 技术资料的购买、使用和保管制度。

（3）系统的维护制度

系统的维护主要是保证系统正常工作，应付系统内外环境和其他因素的变化而进行的有关活动，系统的维护制度主要有以下几个方面的内容：

① 提出修改或维护要求；

② 批准修改要求；

③ 分配维护任务；

④ 验收工作成果。

（4）系统的运行操作制度

系统的运行操作制度主要表现在软件、数据和信息等操作要素必须处于计算机的监控之下，主要运行操作制度有：

① 必要的系统软件、应用软件管理制度；

② 数据管理制度，如重要数据的输入管理、输出管理和修改管理制度；

③ 有口令管理制度，如设置管理级别密码口令管理制度，并定期做更新和使用报告；

④ 有网络安全和病毒防御制度，并定期做记录；

⑤ 有人员的培训管理和使用管理制度。

除此之外，还有会展信息系统的修改制度、信息系统的评价制度等，以上制度都必须以遵守国家的有关法律法规为前提。

9.2.5 会展信息管理风险

会展信息管理风险是指由于会展管理体制的偏差、管理制度的不完善导致具体管理过程中出现漏洞而给计算机及网络系统带来的额外的风险。

（1）体制风险

所谓体制风险，主要是指在管理上缺乏统一的组织和领导所引发的风险。在会展信息管理方面往往只注重计算机的应用，过分强调科技的服务职能，而忽略了计算机安全管理工作，忽视监管。技术人员单兵作战，除了承担业务软件的推广应用，还要负责设备的维护与管理，往往是顾此失彼。业务职能部门没有将计算机安全作为一项重要工作来抓，计算机风险管理一片空白。

（2）制度风险

所谓制度风险，主要是由于制度制定有漏洞或执行不到位所造成的潜在风险。当前建立的计算机安全管理制度难以适应计算机及网络形势发展的需要。网络安全运行管理、密码专人管理、操作员管理、数据备份媒体存放管理等制度还有待于进一步完善。尤其是内控制度的落实情况更是电子化建设中一项薄弱环节。

（3）人员素质风险

所谓人员素质风险，主要是指因人员素质参差不齐而引发计算机及网络系统的风险。当前会展业普遍缺乏专业高素质人员，员工素质还不能与先进的管理手段、先进的管理工具的要求相适应；在具体的业务操作中更是无法有效地利用现有的资源。也正因此，人员素质的滞后对计算及网络的安全同样是一个潜在的风险。

为了降低或消除会展信息安全体系范围内所涉及的被评估的风险，应该识别和选择合适的安全控制措施。选择安全控制措施应该以风险评估的结果作为依据，判断与威胁相关的薄弱点，决定什么地方需要保护，采取何种保护手段。

安全控制选择的另外一个重要方面是费用因素。如果实施和维持这些控制措施的费用比资产遭受威胁所造成的损失预期值还要高，那么所建议的控制措施就是不合适的。如果控制措施的费用比企业的安全预算还要高，则也是不合适的。但是，如果预算不足以提供足够数量和质量的控制措施，从而导致不必要的风险，则应该对其进行关注。

通常，一个控制措施能够实现多个功能，功能越多越好。当考虑总体安全性时，应该考虑尽可能地保持各个功能之间的平衡，这有助于总体安全有效性和效率。

（1）建立计算机风险防范组织体系

领导要重视计算机安全工作，将计算机风险防范纳入工作日程。成立计算机安全领导小组，明确权利责任，做好对安全运行领导、检查和监督工作。定期召开安全分析会议，研究安全防范技术，找出易发问题的部位和环节，进行重点管理和监督。各部门要形成合力加大对计算机风险管理力度，并签订层层负责的安全责任状，营造出"科技安全，人人有责"的良好氛围。

（2）整章建制，落实内控制度

对现有的计算机安全制度进行全面清理，建立健全各项计算机安全管理和防范制度，完善业务的操作规程；加强要害岗位管理，建立和不断补充完善要害岗位人员管理制度；加强内控制度的落实，严禁系统管理人员、网络技术人员、程序开发人员和操作人员混岗、代岗或一人多岗，各操作人员必须定期更换密码；业务与非业务用机实行严格分离管理，做到专机专用、专人专管、各负其责，并由专人负责保管上机操作记录（操作日志）。

（3）解决人员素质对计算机及网络风险的影响

对技术人员要及时"充电、加油"提高其处理计算机及网络故障、防范计算机及网络风险的能力；对业务操作人员要重点抓好计算机知识的普及培训工作，建立各种形式的岗位培训和定期轮训制度，提高员工的素质、法制观念、敬业精神、计算机业务操作水平和安全防范综合能力。

9.3 会展风险信息管理

（1）建立信息库

随着计算机技术、网络技术、通信技术与 Internet 技术的迅速发展和国际经济一体化进程的加快，会展企业面临的经营环境具有高度的不确定性，企业发生风险的可能性大大增加。为此，企业应加强风险管理工作，设立专门的风险管理组织，同时应建立一套行之有效的风险信息管理系统，以搜集企业风险的内、外部信息，及时、准确地识别、分析、预防和控制风险，做到有备无患，将风险损害降至最低。

如果没有一个高度集成的会展信息管理平台，企业会因为人员的流动等原因，导致信息资源流失而形成安全隐患。信息资源包括客户资源、文档、统计数据、业务经验等，首先需要一种机制通过日积月累把信息资源集中收集，并形成可供随时应用的信息库。用户在应用平台的同时，就是在建立和丰富企业的信息库。

（2）确保网络连接安全

将网络连接至 Internet 会遭受到不断增加的外部威胁。在外围确保网络安全不但允许内部用户完全地访问外部资源，还允许外部用户访问内部资源。结合操作系统 ACL 认证，权限分配合理有效，并在系统中内含敏感操作的系统日志，使整个系统的完整性和可维护性得到了增加。

（3）简化安全管理和操作

减少安全漏洞，帮助保护您的外围计算环境和主机防御系统，并且部署最新的相关安全补丁。

（4）通过身份管理实现信息访问自动化

数字身份管理主要是一种流程问题，它涉及验证用户的身份、确定他们可以访问的内容以及如何及时撤销其权限。身份和访问管理解决方案不但可以降低安全风险，还能节省 IT 成本。

然后在分析企业风险及其种类的基础上，通过设计、实施具有风险数据集中、风险影响统计分析、风险及时报告、风险控制跟踪等功能的会展风险管理信息系统，强化企业风险信息的管理，提高企业的抗风险能力。

① 建立风险管理数据模型；

② 确定风险管理数据库结构和分析模块；

③ 建立风险分析报告；

④ 明确与现有 ERP 系统的接口；

⑤ 建立内控信息系统。

根据控制措施的费用应当与风险相平衡的原则，企业应该对所选择的安全控制措施严格实施以及应用，达到降低风险的途径有很多种，下面是常用的几种手段。

① 避免风险　比如：将重要的计算机系统与互联网进行物理隔离。

② 转移风险　比如：将重要的数据进行异地网络备份。

③ 减少威胁　比如：组织具有恶意的软件的执行，避免遭到攻击。

④ 减少薄弱点　比如：对员工进行信息安全教育，提高员工的安全意识。

⑤ 进行安全监控　比如：及时探测对信息处理设施有害的行为，并及时作出响应。

信息系统总会在一定程度上存在风险，绝对的安全是不存在的。当企业根据风险评估的结构，完成实施所选择的控制措施后，会有残余的风险。残余风险可能是企业可以接受的风险，也可能是遗漏了某些信息资产，使其未受保护。

为确保企业的信息安全，残余风险应该控制在可以接受的范围内。

残余风险 Rr＝原有风险 Ro－控制风险 Rx

残余风险 Rr≤可接受风险 Rt

风险接受是对残余风险进行确认和评价的过程。在实施了安全控制措施后，企业应该对安全措施的实施情况进行评审，即对所选择的控制在多大程度上降低了风险作出判断。

【案例 9-4】　会展视频监控系统

（1）录制各点的视频录像以备安防查用

（2）有效保证人员流动现场的安全规范操作

（3）会展周边的安全防范

（4）清晰地观测到车辆出入的具体细节

（5）对各个入口人员流动情况进行监控

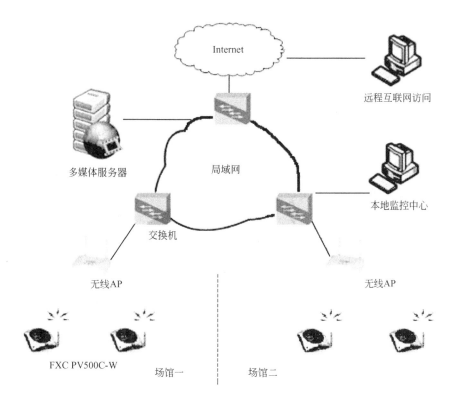

会展视频监控系统结构图

在会展视频监控系统中，安全保卫部门可以实现在周边、入口、住宅、仓库、机房、停车场等目标实行全天候视频监控，对周边、入口、住宅、仓库、机房、停车场等内各主要通道场地进行监控。

会展风险管理与任何其他管理工作一样，核心活动都是管理人员进行大大小小的决策，而要进行决策必须有相应的信息来支持，以保证决策的效率和效果。会展风险信息管理就是通过合理的管理过程来保证风险管理决策所需风险信息的高质量，风险信息越真实、准确、及时和完整，风险决策越正确和高效。因此可以说，会展风险信息的管理是风险管理工作的基础。

那么，会展企业管理和业务活动涉及的诸多信息中究竟哪些是风险信息呢？我们说贯穿风险管理整个流程的决策活动所需的信息就是风险信息。会展企业主要的风险管理决策活动包括明确风险管理的目标、确定哪些是影响目标实现的风险、哪些风险需要重点管理、需要将这些风险管理到什么水平、如何分配管理资源、采用什么方案来管理这些风险，以及根据某个时点各类风险的现状来评价已有的管理方案是否有效、决定如何调整管理方案等，那么与这些决策相关的信息，无论是描述风险本身属性的信息还是风险管理的过程信息，都应归在风险信息的范畴。例如，与战略风险相关的外部宏观环境，企业战略规划、年度经营目标以及编制这些战略、规划、计划、目标的依据，企业执行战略制定、投融资等相关流程的经验教训等，这些初始信息是风险评估活动的基础，帮助企业分析风险的动因、风险影响目标的路径、风险事件的表现、各类风险之间的相互关系等，判断风险发生概率、影响程度等重要属性，为企业明确风险管理目标、确定风险管理重点等决策行为提供支持。

但是，会展风险信息应不仅仅包含上述风险管理的初始信息。首先，前面环节的输出信息都应作为后续环节决策活动的信息输入，包括在风险管理组织体系部分的各种报告。例如，风险图谱、重大风险之间的相关性等风险评估报告的内容，是制定风险管理策略阶段的目标分解、确定风险偏好和承受度等活动的输入；重大风险偏好承受度、应对策略、资源分配原则等又是决定采用什么风险管理解决方案的输入；风险管理解决方案的执行情况、风险管理体系的运行情况，特别是风险监控预警报告中的风险监控信息和监督审计报告中风险管理体系的评价信息等，又决定如何调整解决方案、改进体系的输入；而企业的全面风险管理年度报告又为下一年度风险管理决策活动提供参考。其次，风险管理流程每一环节相关的其他管理和业务信息、财务数据、管理人员的经验、行业标杆企业的做法等，也是企业所需的风险信息。例如，企业相关业务信息、历史财务数据、未来年度的预算数据、行业标杆企业关于某类风险度量指标的平均值等，是确定企业自身重大风险承受水平的重要依据；企业管理人员对于以往管理控制的经验，将为确定或调整某类风险或风险组合的解决方案提供重要参考。

会展企业的风险信息种类繁多、数量巨大，必须经过一个合理的管理过程来筛选、提炼、分析，以保障风险信息的高质量，最终为各级决策所用。按照一般的信息管理流程，会展风险信息的管理可分为收集整理、加工处理、传递和更新等几个阶段。

首先，企业需要从外部的信息渠道、内部管理和业务的工作平台获取所需的原始信息，包括静态的和动态的，并按照风险类别或其他分类方法进行整理；其次，用专业的方法和工具对归整后的原始信息进行分析处理，转化为用风险管理专业语言描述的信息，并形成易于决策者参考的各类信息文件或报告；再次，将这些文件定期或不定期地按照固定的流程逐级地上报给拥有不同决策权限的各级风险管理决策者，待他们作出决策后反馈给风险管理的执行人员；最后，由于信息具有一定的时效性，随着企业内外部环境的变化，风险的特性也不断变化，企业必须及时更新信息，为下一次决策做准备。

从会展风险信息管理的一般过程不难看出，会展风险信息的管理与企业其他管理或业务活动中的信息管理水乳交融，企业应注意区分。从信息的来源来看，会展风险信息管理与其他活动的信息管理共享相同的原始信息渠道，风险管理所需的原始信息并没有什么特别之处，同样来自于管理和业务活动的运行平台以及外部渠道，只是在原始信息的加工过程中我们使用的是一套风险管理专业的语言和工具。例如，同样是企业财务预算数据，对于一般管理活动而言，它是未来年度经营活动的一个目标值或参照值，而对于风险管理它意味着某个风险可能的变化趋势。从信息传递来看，风险信息与其他管理或业务信息的传递都遵循一定的管理决策路线和流程，可能存在很多交叉和重复的环节，但相同环节传递的信息内容、传递的频率以及决策的权限可能不同。

总结会展风险信息的内容以及风险信息管理的过程，企业在实施过程中应加以关注。

一是应逐步积累，建设并不断完善会展风险"信息库"。会展风险是未来的不确定性，但预测未来比判断现状困难百倍，不论是进行定性判断还是应用数量模型进行定量预测，较为理性和准确的分析依赖于深厚的信息基础，以及在此基础上建立的丰富经验。

二是应明确会展风险信息管理的职能设置，企业应将风险信息管理的职责分工落实到各个有关职能部门和业务单元，并对不同层级的岗位设置不同的信息处理和管理决策权限。

三是应分配相当的资源建设和完善会展风险管理信息系统，统一风险信息管理的平台，达到相关职能机构信息的及时共享，以提高管理效率，降低决策成本，同时注意与现有管理和业务信息系统的衔接，避免冲突和浪费。

会展风险管理是一个更为专业的新领域，风险管理决策大都基于对未来的判断，更具有挑战性，需要更多、质量更高的信息来支持。因此，目前会展信息管理水平并不成熟的企业，更需要提高重视程度，加大资源投入，尽快统一对风险信息的认识，疏通信息沟通渠道，打好会展风险信息管理这一风险管理的基础。

本章小结

会展是信息密集型的活动，具有前期准备时间长、实施时间短的特点，在整个会展期间，尤其是在临近开始的短暂时间内，将会涌现出大量的、高密度的信息，这些信息必须及时准确地进行处理。会展信息管理是为了满足会展管理需要而进行的会展信息产生、识别、筛选、收集、加工、传递、存储、检索、输出等各项工作的总称。会展信息管理工作主要包括会展原始数据收集、信息加工、信息传递、信息存储、信息检索和信息输出等内容。会展管理信息系统是一个以人为主导，利用计算机硬件、软件、网络通信设备以及其他办公设备，进行信息的收集、加工、传输、存储、更新和维护，以会展行业的企业战略竞优、提高经济效益和效率为目的，支持企业的高层决策、中层控制、基层运作的集成化的人机系统。会展管理信息系统的基本功能包括：数据处理功能、预测功能、计划功能和控制功能。

会展信息管理风险是指由于会展管理体制的偏差、管理制度的不完善导致具体管理过程中出现漏洞而给计算机及网络系统带来的额外的风险。随着计算机技术、网络技术、通信技术与Internet技术的迅速发展和国际经济一体化进程的加快，会展企业面临的经营环境具有高度的不确定性，企业发生风险的可能性大大增加，为此企业应加强风险管理工作，设立专门的风险管理组织，同时应建立一套行之有效的风险信息管理系统，以搜集企业风险的内、外部信息，及时、准确地识别、分析、预防和控制风险，做到有备无患，将风险损害降至最低。会展企业的风险信息种类繁多、数量巨大，必须经过一个合理的管理过程来筛选、提炼、分析，以保障风险信息的高质量，最终为各级决策所用。按照一般的信息管理流程，会展风险信息的管理可分为收集整理、加工处理、传递和更新等几个阶段。企业在建设和完善会展风险管理信息系统过程中，应加以关注统一风险信息管理的平台，达到相关职能机构信息的及时共享，以提高管理效率，降低决策成本，同时注意与现有管理和业务信息系统的衔接，避免冲突和浪费。

复习与思考

1. 会展行业中信息的主要功能表现在哪几个方面？
2. 会展管理信息系统的作用主要体现在哪些方面？
3. 会展管理信息系统的基本功能有哪些？
4. 为什么要进行会展风险信息的管理？
5. 会展风险信息的管理可分为哪几个阶段？
6. 在建设和完善会展风险管理信息系统过程中，企业应注意什么？

案例分析：优品会展信息管理系统解决方案

优品会展信息管理系统以企业资源整合者的姿态思考企业价值链中的各个环节，围绕"客户服务"，构建 CRM 客户关系管理系统，建立以企业业务流、信息流、资金流管理为代表的资源管理创新系统（ERP），把 CRM 与 ERP 两种现今最流行的系统开发理念有机融合，将原来分散的资源集中分析处理，并建立以客户为中心的连接企业、供应商之间的信息流、优化和集成企业管理流程，将企业生产力最大化，利润价值最大化。优品会展管理专家认为展会信息化是指利用信息化技术管理展览会的各个环节，为展览信息化的实施是为主办方、参展商和专业观众提供信息交换和互动的平台，包含：

① 办公室信息化（包括 ERP 模块、OA 模块、CRM 模块等）；
② 现场管理信息化（观众登记、门禁、发证、收款等）；
③ 网上信息化（在线登记、信息发布、在线展会等模块）。

三者关系表现为：办公室信息化是展览企业信息化建设的基础工程，现场信息化是展览企业信息化的形象工程，网上信息化是展览会信息化的窗口工程。三者数据应能完全匹配共享。

优品方案是会展行业的 ERP+CRM 系统，它的设计思想可以概括为：

"一个中心"——以服务客户为中心；

"两个基本点"——创新企业管理、提高运营效率；

"三位一体"——办公室信息化、现场管理信息化、展会网上信息化。

优品会展信息管理系统解决方案内容包括软件系统（EIM-Exhibition Information Manager）、系统部署方案、系统应用推广方案、系统维护方案等。

① 有效实现会展集团多办事处/子公司共同应用，多展会管理同时管理，报表辅助决策。

② 作为管理者，您可以端坐电脑前，决胜千里：实时了解公司各个子公司，各个部门，多个展会的业务运营状况；随时了解公司的财务状况，有效控制招展进度等，从容面对每个决策。让一切尽收眼底，一切尽在把握。数据安全、可靠；同时，因为一切经营活动都在系

统上运行，过程中形成的信息资源得以集中存储，加上完善的授权机制，您从此不再为信息安全发愁了。

③ 分类管理展商观众等方面的数据，360 度全面管理客户关系。

再多数据也不愁。会展企业需要管理海量的客户数据，从前的数据表早已不能满足要求了。现在您不但可以全面搜集您的客户资料，还可以记录客户与您的一切商务关系，360 度全视角管理您的客户；同时，应用您的权限，你可以通过条件检索，瞬间找到您的客户，并且进行添加、修改等操作。而对您的每个敏感操作，系统都会作系统日志，以便监管。

④ 业务流程自动化。从前，企业需要应用行政等手段来规定业务流程，推行起来总有遗憾。现在，我们将流程简化，并且要求一切事务流程都经由系统来操作，根据系统预设的流程工作，如此整个过程都可以进行规范、有效地管理，实施过程监控。

⑤ 批量业务处理。借助本系统，从前令人头痛的重复工作现在可以实现自动批处理：如信件信封集体打印，电子邮件群发，传真群发，名片数据扫描入库，短信群发，会刊自动生成等。

⑥ 智能提醒。面对每天烦琐的事务：拜访、会议、出差、签约、催款等，每个人都需要面对太多的事务，系统的秘书功能会在设定的时效内智能提醒您，以免错漏。

⑦ WEB 在线自助服务。为您的客户提供在线自助服务，本模块将部分集成到您的企业 Internet 网站，让您的客户或潜在客户在登录网站时，自动递交商务需求，可以提供全天候、全球服务入口；同时，本模块的另一部分则与内部管理平台集成，处理来自互联网的客户需求，从而使得您客户的需求及时得到满足，提升企业在客户心目中的满意度。

⑧ 操作简便，界面友好，易于推广与维护。会展信息管理系统功能全面，完全符合会展服务企业的日常业务习惯，并且有效地将复杂繁冗的会展承办工作清晰梳理，规范业务操作行为。

由于系统操作界面完全符合微软的软件界面操作规范，对于熟悉微软与 Office 产品的用户而言，好学易用。如此友好的界面，为成功推广应用提供了保证。

对于系统的维护，优品充分考虑到维护的便捷性，用户只要具备基本的计算机管理知识，经过优品工程师的培训，即可轻松完成系统日常维护。

信息化管理已经是会展企业发展的必然趋势，会展方案与时俱进，是会展企业加速发展和提升持续竞争力的战略性选择，它将帮助企业完善管理思维，宏观即时地了解企业运营状态，即时决策；同时有效地推动企业内部运作的规范化、流程化和精细化，帮助企业在学习创新中不断提升生存水平和生存质量。

⑨ 实现业务流程的集成与自动化：可以帮助会展企业将系统、雇员和合作伙伴融合到一个适应性强、灵活性高且高度自动化的统一业务流程中，一切工作忙而不乱，有条不紊。

⑩ 职能明确，安全应用，监控和考评有据：对用户配给权限，用户可以明确职能范围，不仅保障对数据的安全应用，而且使管理者对员工的工作监控更有力，考评有凭据。

⑪ 降低成本并提高效率，提高员工的协作能力和生产力：充分互联现有设备，批处理重复性工作，集中精力应用于高附加值的工作；实现知识有序积累，促进客户和业务知识共享，为他们提供更多便于共享的信息来提高协作能力，直接提高生产力。

⑫ 提升客户满意度，360 度全视角管理客户关系：完全收纳展商、观众、合作伙伴的信息，借助信息资源最大限度地发掘客户价值，促进展位和服务销售，全面服务客户，提升

品牌形象。

⑬ 有效地进行展位和服务销售控制：借助直观的展馆展位平面图销售进度图表等，实时了解销售进度，调整营销策略。

⑭ 规范销售合同的管理，方便员工绩效考核：从合同录入到合同审核，从合同执行到款项跟踪，合同的管理借助友好的查看视图，一切尽在眼底。

⑮ 财务工作从容不迫：由于合同管理流程的完善执行，为财务处理成千上万的财务款项提供了极大的便利，在合同生效后，系统自动提醒款项执行日期，并对款项进行分类统计。

⑯ 纷繁复杂的会务管理更有序：面对大量的会务工作，分类进行管理，关联到相关企业和个人，无论是直接面对客户还是服务外包，一切都忙而不乱。

⑰ 现场管理尽在掌握：大量观众的现场接待，大量观众数据的录入与统计，应用软件的观众管理模块，这一切可以自主完成；观众的组织和观众数据价值的挖掘应用成为现实。

⑱ 作出更快、更明智的决定：通过增强公司访问和分析数据的能力来实现领导快速决策。

⑲ 更有效地营运在线商务：轻松地管理企业内部网、企业外部网和 Internet 站点中的信息内容，为客户及合作伙伴提供更高的价值。

资料来源：上海优品计算机科技有限公司. 展会/会展管理软件系统解决方案，2006

讨论题

1. 优品会展信息管理系统是如何以企业资源整合者的姿态思考企业价值链中的各个环节的？

2. 优品会展信息管理系统解决方案是如何有效地推动企业内部运作的规范化、流程化和精细化的？

3. 你对优品会展信息管理系统解决方案有何改进的意见或建议？

参 考 文 献

［1］ 杨顺勇，牛淑珍，施谊. 会展风险管理. 北京：化学工业出版社，2007.

［2］ 池仁勇. 项目管理. 北京：清华大学出版社，2004.

［3］ 华谦生. 会展策划与营销. 广州：广东经济出版社，2004.

［4］ 房西苑，周蓉翌. 项目管理实战教程. 北京：企业管理出版社，2005.

［5］ 胡宣达. 风险管理学基础-数理方法. 南京：东南大学出版社，2001.

［6］ 基特·塞德格洛夫. 商务风险管理完全指南. 沈阳：沈阳出版社，2001.

［7］ 李红霞，田水承. 企业安全经济分析与决策. 北京：化学工业出版社，2006.

［8］ 刘大可. 会展经济理论与实务. 北京：首都经济贸易大学出版社，2006.

［9］ 刘钧. 风险管理概论. 北京：中国金融出版社，2005.

［10］ 刘新立. 风险管理. 北京：北京大学出版社，2006.

［11］ 马勇. 会展管理的理论、方法与案例. 北京：高等教育出版社，2003.

［12］ 顾孟迪. 风险管理. 北京：清华大学出版社，2005.

［13］ 莫罗. 会展艺术：展会管理实务. 上海：上海远东出版社，2005.

［14］ 沈建明. 项目风险管理. 北京：机械工业出版社，2004.

［15］ 塔洛. 会展与节事的风险和安全管理. 北京：电子工业出版社，2004.

［16］ 托马斯·L. 巴顿. 企业风险管理. 北京：中国人民大学出版社，2004.

［17］ 许谨良. 风险管理. 北京：中国金融出版社，2006.

［18］ 王春雷. 陈震. 展览会策划与管理. 北京：中国旅游出版社，2006.

［19］ 王起静. 会展项目管理. 北京：中国商务出版社，2004.

［20］ 王晓群. 风险管理. 上海：上海财经大学出版社，2003.

［21］ 王绪瑾. 保险学概论. 北京：中央广播电视大学出版社，2004.

［22］ 张洪涛，郑功成. 保险学. 北京：中国人民大学出版社，2004.

［23］ 郑建瑜. 会展场馆经营与管理. 上海：上海人民出版社，2006.

［24］ 周慧玲. 风险管理学. 武汉：武汉测绘科技大学出版社，1996.

［25］ 李永江. 中国展览业发展现状白皮书（摘要）. 中国会展，2005.

［26］ 张以琼. MICE风险管理之主客体分析. 中国会展，2006.

［27］ 世界博览会保险论坛资料. 上海图书馆世博信息中心，2004.